Mathematik im Fokus

Herausgegeben von
Kristina Reiss, School of Education, TU München
Ralf Korn, Fachbereich Mathematik, TU Kaiserslautern

Die Buchreihe Mathematik im Fokus veröffentlicht zu aktuellen mathematikorientierten Themen gut verständliche Einführungen und prägnante Zusammenfassungen. Das inhaltliche Spektrum umfasst dabei Themen aus Lehre, Forschung, Berufs- und Unterrichtspraxis. Der Umfang eines Buches beträgt in der Regel 80 bis 120 Seiten. Kurzdarstellungen der folgenden Art sind möglich:

- State-of-the-Art Berichte aus aktuellen Teilgebieten der theoretischen und angewandten Mathematik
- Fallstudien oder exemplarische Darstellungen eines Themas
- Mathematische Verfahren mit Anwendung in Natur-, Ingenieur- oder Wirtschaftswissenschaften
- Darstellung der grundlegenden Konzepte oder Kompetenzen in einem Gebiet

Mathematik im Fokus ist ein zeitnahes Spiegelbild aktueller Themen, die aus der Sicht der Mathematik kompakt dargestellt und kommentiert werden.

Weitere Bände in dieser Reihe
http://www.springer.com/series/11578

Michael Meyer · Kerstin Tiedemann

Sprache im Fach Mathematik

Michael Meyer
Institut für Mathematikdidaktik
Universität zu Köln
Köln, Deutschland

Kerstin Tiedemann
Institut für Didaktik der Mathematik
Universität Bielefeld
Bielefeld, Deutschland

Mathematik im Fokus
ISBN 978-3-662-49486-8   ISBN 978-3-662-49487-5 (eBook)
DOI 10.1007/978-3-662-49487-5

Die Deutsche Nationalbibliothek verzeichnet diese Publikation in der Deutschen Nationalbibliografie; detaillierte bibliografische Daten sind im Internet über http://dnb.d-nb.de abrufbar.

Springer Spektrum
© Springer-Verlag GmbH Deutschland 2017
Das Werk einschließlich aller seiner Teile ist urheberrechtlich geschützt. Jede Verwertung, die nicht ausdrücklich vom Urheberrechtsgesetz zugelassen ist, bedarf der vorherigen Zustimmung des Verlags. Das gilt insbesondere für Vervielfältigungen, Bearbeitungen, Übersetzungen, Mikroverfilmungen und die Einspeicherung und Verarbeitung in elektronischen Systemen.
Die Wiedergabe von Gebrauchsnamen, Handelsnamen, Warenbezeichnungen usw. in diesem Werk berechtigt auch ohne besondere Kennzeichnung nicht zu der Annahme, dass solche Namen im Sinne der Warenzeichen- und Markenschutz-Gesetzgebung als frei zu betrachten wären und daher von jedermann benutzt werden dürften.
Der Verlag, die Autoren und die Herausgeber gehen davon aus, dass die Angaben und Informationen in diesem Werk zum Zeitpunkt der Veröffentlichung vollständig und korrekt sind. Weder der Verlag noch die Autoren oder die Herausgeber übernehmen, ausdrücklich oder implizit, Gewähr für den Inhalt des Werkes, etwaige Fehler oder Äußerungen. Der Verlag bleibt im Hinblick auf geografische Zuordnungen und Gebietsbezeichnungen in veröffentlichten Karten und Institutionsadressen neutral.

Gedruckt auf säurefreiem und chlorfrei gebleichtem Papier.

Springer Spektrum ist Teil von Springer Nature
Die eingetragene Gesellschaft ist Springer-Verlag GmbH Deutschland
Die Anschrift der Gesellschaft ist: Heidelberger Platz 3, 14197 Berlin, Germany

Vorwort

Denkt man an die „Sprache der Mathematik", so denken nicht wenige wohl zuerst an all die Zeichen, Formeln und Graphen, die so typisch für die Mathematik sind. Warum aber soll dann die Sprache speziell im Mathematikunterricht von Bedeutung sein? Natürlich benötigen Aufgaben wie „2 + 3 = 5" wenig „Sprache". Sind die Symbole bzw. die entsprechenden sprachlichen Ausdrücke bekannt, so ist die Verbalisierung der Rechnung kaum noch problematisch. Die Entwicklung und Nutzung von Symbolen ist eine wesentliche Leistung in dem Verlauf der Entwicklung mathematischen Wissens.

Eine Bedeutung von Sprache ergibt sich bereits daraus, dass die Sprache des Unterrichts, in Deutschland also vorwiegend Deutsch, bekannt sein muss. Der Sprachgebrauch in der Mathematik bzw. im Mathematikunterricht ist aber natürlich nicht darauf beschränkt und hat bedeutende Aspekte, die auch unabhängig von den individuellen SchülerInnen sind. Es gibt beispielsweise Symbole bzw. Folgen von Symbolen, die weniger direkt verständlich sind als diejenigen, die in der obigen Rechnung dargestellt sind, die zu verstehen und zu sprechen – kurz: zu erlernen – sind. Zudem sind mathematische Objekte abstrakt und lassen sich nicht in ihrer Komplexität exemplifizieren. Wie soll den Lernenden etwa ein Konzept von Unendlichkeit beigebracht werden, wenn nicht über die Nutzung von Sprache? Zur Einführung des „Würfels" als mathematischen Begriff wird in der Regel ausgehend von konkreten Beispielen abstrahiert. Diese Abstraktion ist dann aber nur vermittels der Sprache möglich („und unabhängig davon, wie lang die Kanten sind ... ").

Um die Allgemeinheit mathematischer Begriffe ausdrücken zu können, bedarf es einer adäquaten sprachlichen Darstellung. Die hierzu notwendige Sprache hängt nicht nur von der Einzelsprache Deutsch ab, sondern u. a. wesentlich auch von den im Unterricht zuvor erlernten Fachbegriffen bzw. deren sprachlicher Darstellung. Anders formuliert: Es sind die Inhalte der Mathematik, die den Gebrauch von Sprache im und für den Lernprozess notwendig voraussetzen.

Diese kurze Auflistung verdeutlicht bereits, dass die Sprache auch und gerade im Mathematikunterricht eine enorme Bedeutung besitzt. Insofern eröffnen sich direkt weitergehende, tiefgründigere Fragestellungen:

- Wie verhalten sich die verschiedenen Formen (bzw. Register) von Sprache in verschiedenen Situationen des Unterrichts?
- Welche Rollen und Funktionen relativ zum Lernprozess kann die Sprache einnehmen?
- Welche Eigenschaften hat die mathematische Fachsprache?
- Ist die Fachsprache der Mathematik etwa eine Sprache im herkömmlichen Sinn mit eigenem Vokabular und Grammatikregeln?
- Wie lässt sich die mathematische (Fach-)Sprache der Lernenden bzw. wie lassen sich die mathematischen Kompetenzen der Lernenden durch bewussten Spracheinsatz fördern?
- …

Das Ziel dieses Buches besteht darin, das Phänomen Sprache, ihre äußere Erscheinungsform, ihre Funktionen und Rollen im Mathematikunterricht zu beschreiben. Die jeweiligen Ausprägungen in der (mathematik-)didaktischen Diskussion werden zusammengefasst, sortiert und (sofern möglich) zueinander in Beziehung gesetzt.

Das Buch richtet sich insbesondere an Studierende des Lehramts Mathematik, an Lehrpersonen im Mathematikunterricht und an Wissenschaftler. Es kann zum einen zur (wissenschaftlichen) Reflexion des Sprachgebrauchs im Unterricht genutzt werden. Die verschiedenen Unterscheidungen im Zusammenhang mit der Sprache ermöglichen es, den Einsatz von Sprache bewusst zu reflektieren, um ihn dann gezielt zu steuern. Zum anderen kann die Förderung von Sprache im Sinne einer fach- und sprachintegrierten Förderung Lernprozesse positiv beeinflussen. Sowohl das Lehren als auch das Lernen von Mathematik benötigt Sprache. Dieses Buch gibt einen kleinen Einblick in diesen Themenkreis.

Köln/Bielefeld, im November 2016   Michael Meyer und Kerstin Tiedemann

Inhaltsverzeichnis

1	**Problemstellung**	1
	1.1 Sprache im Fach Mathematik – Reflexion ausgewählter Beispiele	2
	1.2 Zum Inhalt dieses Buches	8
	Literatur	9
2	**Erscheinungsformen von Sprache**	11
	2.1 Zwischen Mündlichkeit und Schriftlichkeit: Die Sprache des Alltags und der Wissenschaft	12
	2.2 Auf dem Weg zur Schriftlichkeit: Die Sprache der Institution Schule	15
	2.3 Zur Frage des Kontextes	18
	2.4 Disziplinär geordnet: Die Sprache der Mathematik	22
	2.5 Unterrichtsfachsprache: Die Normierung von Fachsprache im Unterricht	27
	Literatur	36
3	**Funktionen und Rollen von (Fach-)Sprache im Mathematikunterricht (und in der Mathematik)**	39
	3.1 Funktionen der (Fach-)Sprache	39
	3.2 Rollen der (Fach-)Sprache	43
	Literatur	45
4	**Empirische Studien zur Sprache im Fach Mathematik**	47
	4.1 Einflussfaktor Migrationshintergrund	47
	4.2 Einflussfaktor Sprachkompetenz	50
	4.3 Einflussfaktor Kontextbedingungen	53
	4.4 Einflussfaktor Umgang mit Spannungen	54
	Literatur	56
5	**Mehrsprachigkeit im Mathematikunterricht**	59
	5.1 Potenziale von Mehrsprachigkeit für Lernprozesse	60
	5.2 Potenziale von Mehrsprachigkeit für individuelle Lernprozesse	65
	Literatur	76

6	**Sprachsensibler Mathematikunterricht**		81
	6.1	Sprachförderung im Fach	81
	6.2	Einen sprachsensiblen Mathematikunterricht planen	82
	6.3	Einen sprachsensiblen Mathematikunterricht umsetzen	83
		Literatur	92
7	**Fazit und Ausblick**		95
		Literatur	99

Transkriptionsregeln 101

Sachverzeichnis 103

Problemstellung 1

„Mathematiker sind eine Art Franzosen:
redet man zu ihnen,
so übersetzen sie es in ihre Sprache
und dann ist es alsobald ganz etwas anders"
(Goethe, Maximen und Reflexionen)

Zusammenfassung
Mathematik wird nur selten zu den sprachlichen Fächern des schulischen Unterrichts gezählt. Häufig wird Mathematik eher für symbollastig und spracharm gehalten. Zu zeigen, dass mit einer solchen Auffassung (des Lernens) von Mathematik nur die „halbe Wahrheit" dargestellt ist, ist ein wesentliches Ziel dieses Buches. Die Rede von Sprache im Fach Mathematik ist prinzipiell mehrschichtig und immer auch von den speziellen Perspektiven geprägt, aus denen die sprachlichen Akte betrachtet werden. Die Beispiele in diesem Kapitel zeigen wichtige Facetten dieser Mehrschichtigkeit auf (s. Abschn. 1.1) und dienen als Ausgangspunkt für die Inhalte dieses Buches (s. Abschn. 1.2).

Mathematische Objekte sind grundsätzlich ideale Objekte, die wir zwar an Gegenständen exemplifizieren können, nicht jedoch in ihrer Abstraktheit zu veranschaulichen in der Lage sind. Betrachten wir zum Beispiel den Begriff „Gerade": Wollen wir mit Kreide im Unterricht eine Gerade an die Tafel zeichnen, so begrenzen die Ränder der Tafel unser Vorhaben. Wäre die Tafel unbegrenzt lang, so könnte man sich die Mühe machen, parallel zum Fußboden immer weiterzuzeichnen. Dann aber würde – so wir einmal die Erde umrundet haben – letztlich ein Kreis und keine Gerade entstehen (vgl. hierzu die Rekonstruktionen in Struve 1990). Generell sind die Gegenstände der Mathematik eigentlich keine realen, sinnlich erfahrbaren Gegenstände. Aus didaktischen Gründen wählt man wohl reale Repräsentanten, z. B. eine Kollektion von Plättchen für die Zahl 3. Aber schon ein zählendes Rechnen, das nicht mehr des Materials oder der Finger bedarf, kann allein auf sprachlichen Regeln beruhen. Allgemeiner gesagt, die Mathematik als Geisteswissenschaft oder als Wissenschaft von Mustern und Strukturen bedarf sprachlicher Mittel, um ihre Gegenstände zu objektivieren, m. a. W. zu Gegenständen des Denkens zu machen. Der letzte Teil des obigen Goethe-Zitates kann so verstanden werden, dass die Sprache nicht nur Mathematisches darstellen lässt, sondern mit den mathematischen Gegenständen untrennbar zusammenhängt.

Wie die obigen Überlegungen zeigen, ist die Bedeutung der Sprache für das Lernen und Lehren von Mathematik auch im schulischen Unterricht immens. Durkin und Shire (1991) drücken dies folgendermaßen aus: „Mathematics education begins and proceeds in language, it advances and stumbles because of language, and its outcomes are often assessed in language" (Durkin und Shire 1991, S. 3).

Die Rede von Sprache in der Mathematik bzw. im Mathematikunterricht ist prinzipiell mehrschichtig und immer auch von den speziellen Perspektiven geprägt, aus denen die sprachlichen Akte betrachtet werden. Die folgenden Beispiele sollen einige Facetten dieser Mehrschichtigkeit verdeutlichen und zugleich verschiedene Aspekte von Sprache bzw. des Sprachgebrauches aufzeigen, die in den weiteren Kapiteln beschrieben, in einen Zusammenhang gebracht und auf diese Weise sortiert werden.

1.1 Sprache im Fach Mathematik – Reflexion ausgewählter Beispiele

Beispiel 1: Lisa (7 Jahre) erklärt das Wort „Nachfolger" im Interview

Lisa   Also äh lö-, man jetzt so die 24 und dann soll man den Nachfolger so dahinter schreiben, das wäre dann die 25.
Interviewer Ah ja, bei 24 weiß ich jetzt was der Nachfolger ist. Aber im Allgemeinen?
Lisa   Äh ja, allgemein ist so halt, wenn jetzt– sagen wir mal ein– Mann, ehm einen Sohn hat und dieser Mann ist ganz reich, und wenn der stirbt würden dann der– halt der Sohn der Nachfolger sein.

In der Interviewsituation (es handelt sich um ein geglättetes Transkript) wechselt Lisa die „Sprachebene": Während sie zunächst dem Wort „Nachfolger" eine eher mathematische Bedeutung zuweist, ordnet sie ihm auf die sich anschließende Nachfrage des Interviewers hin eine aus dem Alltag entliehene Bedeutung zu. Man kann sich nun fragen, ob Lisa die allgemeine Bedeutung im Sinne „nächste Zahl nach einer beliebigen Zahl in der Zahlreihe" nicht versteht oder ausdrücken kann oder den Ausdruck „im Allgemeinen" schlicht auf außermathematische Dinge bezieht.

Aus Sicht der interviewenden Person, die hier auch mit einer Lehrperson verglichen werden könnte, zeigt sich, dass es gewisse Ansprüche an die Verbalisierung von mathematischen Zusammenhängen gibt. Anders ausgedrückt: Der normative Anspruch einer fachlichen Ausdrucksweise beschränkt sich nicht auf die Explikation einer Instanz der Extension eines Begriffes.

Betrachten wir hingegen die Szene aus der Perspektive von Lisa, so kann die Situation auf der Basis der soziologischen Grundlage der Ethnomethodologie auch anders gedeutet werden. Die Ethnomethodologie ist ein wesentlich von Garfinkel (1967) geprägter Wissenschaftszweig, der die Methoden analysiert, mit denen Kommunikationsteilnehmer Bedeutungen und Wissen sammeln, prüfen, weitergeben etc. Innerhalb dieses Wissenschaftszweiges wird von individuellen und situationsspezifischen Bedeutungsbeimessungen ausgegangen, die vom Hörer gedeutet werden müssen:

> Als „Indexikalität" bezeichnet Garfinkel die räumlich-zeitlich-personelle Situationsabhängigkeit der Äußerung. Die Leistung, die die Interpretationsteilnehmer im Vollzug ihrer Alltagspraxis vollbringen müssen, liegt dann in der „Entindexikalisierung", d. h. in der Herstellung der Substitution indexikaler durch „objektive" Ausdrücke („remedying indexical expressions") (Voigt 1984, S. 18).

Eine solche Objektivierung könnte beispielsweise dadurch erreicht werden, dass man den Kontext einengt, wie es beispielsweise durch den Gedanken: „Der Nachfolger irgendeiner Zahl in der Zahlreihe ist gemeint", geschehen würde. Der Kontext einer Äußerung spielt wiederum bei dem Partnerbegriff zu Indexikalität, der Reflexivität, eine besondere Rolle: Die einzelne Äußerung verweist nicht nur auf einen Kontext (in der obigen Situation die Aufgabe), sondern erweitert diesen zugleich (s. Voigt 1984, S. 19 ff.). Als Beispiel sei folgende Definition betrachtet: „Ein Quadrat ist ein Rechteck, das vier gleich lange Seiten hat." Durch diese Definition erhält nicht nur das neue Begriffswort Quadrat durch das bekannte Begriffswort Rechteck Bedeutung, sondern der Schüler mag erst jetzt erkennen, dass der Begriff Rechteck Oberbegriff von Quadrat ist, dass sich die Länge und Breite eines Rechtecks in ihrem Wert also nicht unterscheiden müssen. Ebenso erhält das Wörtchen „ein" durch den Anspruch des Satzes als Definition eine Bedeutung im Sinne von „ein beliebiges" statt im Sinne von „ein bestimmtes".

Cicourel geht von verschiedenen „Basisregeln" (nach Voigt 1984, S. 177) aus, welche es den Teilnehmern ermöglichen, ihrer Interaktion Sinn zu verleihen. Beispielhaft sei die „et-cetera-Regel" (Voigt 1984, S. 177 f.) angeführt:

> Der Sprecher unterstellt, daß der Hörer auch über die nicht explizierten, aber gemeinten Bedeutungen der Handlungen Entscheidungen trifft, indem er einen umfassenderen Zusammenhang dem Sprecher unterstellt und diesen „ausfüllt", sozusagen zwischen den Zeilen liest. Außerdem unterstellt der Hörer, daß der Sprecher zu einem späteren Zeitpunkt mehrdeutige Ausdrücke, denen vorläufig bestimmte Bedeutungen zugeschrieben werden, klären wird (Voigt 1984, S. 23 f.).

Angenommen, Lisa erwartet vom Interviewer, dass er die allgemeine Bedeutung des Ausdrucks „Nachfolger" in ihrer Darstellung wiederfindet, die sie lediglich zur verständlicheren Darstellung an konkreten Zahlen erklärt. Dann könnte Lisa schlicht von einer als sozial geteilt angenommenen Selbstverständlichkeit ausgehen und somit von einem weiteren Klärungsbedarf überfordert sein.

Vermeintliche Unklarheiten in der unterrichtlichen Kommunikation haben aber keineswegs nur Nachteile. Sie erlauben es, miteinander zu arbeiten und miteinander weiterzukommen, auch wenn Lehrperson und Lernende die Unterrichtsgegenstände verschieden verstehen können. Zum Beispiel lässt man den Unterschied zwischen Bruch und Bruchzahl auf der Ebene der Begriffswörter zunächst im Dunkeln; man zeichnet eine „Gerade", was unmöglich ist, in der Hoffnung, die Lernenden würden schon das Richtige betrachten; man akzeptiert die Aussage „Null ist Nichts"; Grundbegriffe wie „Zahl" werden erst auf Universitätsniveau definiert, obwohl man schon in der ersten Klasse von Zahlen spricht. Sogar stark mängelbehaftete Formulierungen der Lehrperson können rechtfertigbar sein: „Dividieren durch Null ist verboten. Von einer kleineren Zahl kann man keine größere Zahl abziehen. 7 geht nicht durch 3 usw." Sicherlich wäre es besser, den Kindern zu erklären, warum der Versuch, durch Null zu dividieren, erfolglos ist, statt mit dem Verbot eine soziale Regel zu setzen. Aber das wäre erst dann sinnvoll, wenn die Division innermathematisch als Umkehrung der Multiplikation verstanden ist und nicht mehr primär als Verteilen/Aufteilen verstanden wird.

Generell betrachtet nutzen wir Sprache, um mit anderen in Interaktion zu treten. Dabei unterstellen wir, dass nicht jede Kleinigkeit zu klären ist. Diese Interaktion muss nicht nur mit anderen geschehen, sondern schlicht auch mit unserem eigenen „Ich", um uns Bedeutungen bzw. Begriffe zu vergegenwärtigen, wie es beispielsweise in der Sozialisationstheorie von Mead (1934) fokussiert wird. Dass nicht alle Einzelheiten geklärt werden, ist Mathematikern vertraut. Denn vergleichbar verhält es sich in nahezu jedem mathematischen Beweis, bei dem nicht bis auf die Axiome der jeweiligen Theorie zurückgegangen wird, sondern in der Regel auch vorher bewiesene Zusammenhänge genutzt werden. Dies erfolgt zumeist aus ökonomischen Gründen; man denke zum Beispiel an den Beweis zur Klassifikation der einfachen Gruppen, der eine Länge von ca. 15.000 Seiten besitzt und zahlreiche Verweise auf Sätze enthält, die an anderer Stelle bewiesen wurden (Dreyfus 2002, S. 16). Die ökonomischen Gründe bestehen dabei nicht nur aus zeitlichen Aspekten. Denn ebenso wie bei der Nutzung der Sprache lässt sich auch bei mathematischen Beweisen (bei denen ebenfalls Sprache benutzt wird) die Fehleranfälligkeit anführen. So behauptet der Mathematiker Hersh (1993, S. 295) beispielsweise, dass jeder mathematische Beweis, so er nur lang genug ist, mindestens einen Fehler enthält.

Bezogen auf das Thema Sprache zeigt das Beispiel von Lisa weiterhin, dass es verschiedene „Register" (s. Kap. 2) von Sprache(n) bzw. für sprachliche Darstellungen gibt und dass ein Wort unterschiedliche Bedeutungen in verschiedenen Registern haben kann. Diese Bedeutungen müssen kontextspezifisch angewendet werden. Mit Wittgenstein (1971, u. a. § 43) gesprochen lassen sich diese Bedeutungen in ihrem Gebrauch in der Sprache erfahren, ähnlich wie es bei der Interpretation um die Äußerung von Lisa geschieht. Ein kontextadäquater Gebrauch ist wiederum wichtig, um an der jeweiligen Sprachgemeinschaft teilhaben zu können. Entsprechend zeigt sich in dieser interaktionistischen Wendung auch, dass eine fachliche Ausdrucksweise nur insofern „exakt" sein

1.1 Sprache im Fach Mathematik – Reflexion ausgewählter Beispiele

kann, als sie in einer bestimmten Gemeinschaft und somit in einem spezifischen Kontext als solche geteilt wird. Die Kontextadäquatheit von Äußerungen basiert, wiederum mit Wittgenstein gesprochen, auf Regeln der Verwendung von Wörtern in den verschiedenen Gemeinschaften. Sprache zu verwenden bzw. einen adäquaten sprachlichen Ausdruck zu nutzen bedeutet dann aber wiederum, nicht nur die Bedeutung von Wörtern zu kennen, sondern auch die Regeln des Gebrauches dieser Wörter. So kann man beispielsweise wie Lisa die polysemantische Bedeutung des Wortes „Nachfolger" kennen, muss jedoch auch wissen, dass in einer Situation der Lösung einer arithmetischen Aufgabe einem Nachfolger nur eine bestimmte Bedeutung zukommt. Kurz formuliert: Ein adäquater Sprachgebrauch setzt mehrere Kenntnisse voraus – die der Bedeutung von Wörtern und die des kontextspezifischen, regelgeleiteten Gebrauches dieser Wörter.

Eine besondere Herausforderung besteht im Fach Mathematik in der Darstellung des Allgemeinen im Besonderen, zumindest bis die Schüler die algebraische Fachsprache verwenden können. Dies beginnt schon früh in der Schulzeit – auch schon in der ersten Klasse: Angenommen, eine Schülerin formuliert ihre Erkenntnis aus der Arbeit mit einem Entdeckerpäckchen so: „Die erste Zahl wird eins höher, die zweite Zahl eins kleiner, und das Ergebnis ist immer 9." Meint die Schülerin, das sei bei diesem Päckchen zufällig? Meint sie eine Implikation? Bei seinen Analysen konnte Krumsdorf (2015) feststellen, dass Lernende eine solche Allgemeinheit manchmal auch nur zeitweise erkennen, sodass er von einem „changierenden Prozess" (Krumsdorf 2015, S. 217 ff.) spricht.

Beispiel 2: Eva (Klasse 10, Gymnasium) äußert eine Entdeckung
In der vorliegenden Unterrichtssituation (Beispiel aus Meyer 2007) waren die in Abb. 1.1 vorgegebenen Graphen zweier Potenzfunktionen und eine angedeutete Wertetabelle an der Tafel vorgegeben. Die Aufgabe der Lernenden bestand darin, einen Funktionsterm zu dem gestrichelt dargestellten Graphen anzugeben. Die Potenzfunktionen (außer der Normalparabel) waren zu diesem Zeitpunkt im Unterricht noch nicht thematisch. Als nach einiger Zeit keine Lösungsvorschläge von den Lernenden kamen, schrieb der Lehrer die links in Abb. 1.1 dargestellten Zuordnungen an die Tafel. Nachdem im Unterrichtsgespräch die Funktionsvorschrift $x \mapsto x^2 + 10$ als unpassend für den gestrichelten Graphen herausgestellt wurde, meldet sich die Schülerin Eva zu Wort[1]:

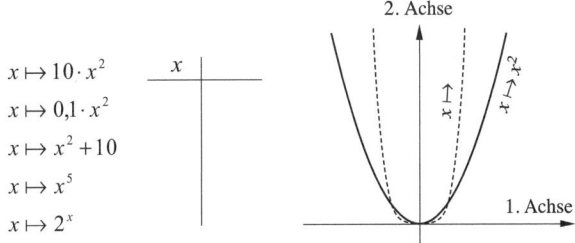

Abb. 1.1 Grundlage der Aufgabenstellung an der Tafel

---
[1] Die Transkriptionsregeln finden sich im Anhang.

Eva: ja vielleicht könnte das ja irgendwas mit ähm, wegen meiner x^4 oder so sein weil, äh der, der äh .. (leise) ne ist Quatsch (..) x^4 (L schreibt „$x \mapsto x^4$" an die Tafel, Eva spricht wieder lauter) also x4 weil äh, wenn man dann äh, bei x ne Minuszahl einsetzt–, äh kommt ja trotzdem noch was äh positives bei äh, bei dem– bei der Funktion raus also ähm, auf der, x-Achse äh also wenn man jetzt da äh vom Ursprung aus rechts ist, (L zeigt auf den Ursprung des Koordinatensystems) dann muss es ja trotzdem noch ne ähm, noch ähm, also noch positiven äh Wert ergeben damit man überhaupt hoch kann sonst würde man ja runter gehen wenns äh wenn da– x5 wegen meiner steht da kann– also Minus mal Minus ist ja Plus, dann noch Mal Minus mal Minus ist wieder Plus und dann– noch Mal mal Minus ist ja äh Minus, also würde man ja im Minusbereich landen und dann würd der Graph nach unten hin wegfallen.

An der sprachlichen Oberfläche zeigt sich ein relativ diffuses Bild: Eva nutzt diverse Interjektionen (ähm, äh ...) und schafft sich sowohl durch diese Verzögerungslaute als auch durch Dehnungen und Pausen Zeit, womöglich auch um ihre Gedanken zu ordnen und dann zu verbalisieren. Für Letzteres spricht ihr leises und somit vermeintlich unsicheres Sprechen, welches auch durch die mehrmalige Verwendung des nach Bestätigung suchenden Wortes „ja" deutlich wird. Zusätzlich nutzt Eva Wörter wie „Plus", „Minus" und „Minuszahl" und somit Wörter, für die sie fachlich adäquatere Ausdrücke kennen müsste. Dies und die Verwechselung der Richtungsangabe (rechts – links) lassen sich als Indikatoren dafür erkennen, dass die Schülerin in der Situation nicht nur sprachlich, sondern auch kognitiv gefordert ist. Dieses diffuse Bild zur Sprache könnte nun wiederum Rückschlüsse auf die Leistung der Schülerin in Mathematik vermuten lassen. Jedoch verhält es sich so, dass es sich hier um (mit) die beste Schülerin der Klasse handelt, einer 10. Klasse (G9) eines Gymnasiums.

Analysiert man Evas Äußerung aus einer rein mathematisch-inhaltlichen Perspektive unter der Setzung einer inhaltlichen Rationalität (Eva verbessert „rechts" später selbst zu „links") eingehend, so lässt sich hieran ein immenses Potenzial erkennen: Zunächst kann man die Entdeckung eines geraden, positiven Exponenten im gesuchten Funktionsterm erkennen. Weiterhin kann der nachfolgende Teil der Äußerung als Begründung des Zusammenhanges (der mathematischen Regel) „$x \mapsto x^n$ mit geradem n verläuft für negative x-Werte nach oben" und als Begründung des Zusammenhanges „$x \mapsto x^n$ mit ungeradem n verläuft für negative x-Werte nach unten" betrachtet werden (hierzu Meyer 2007, S. 198 ff.).

Mittels dieser Aufgabe sollten die Lernenden der Klasse die Potenzfunktionen mit geraden, positiven Exponenten erkennen. Zuvor waren ihnen nur Parabelfunktionen bekannt. Entsprechend befinden sich die Schüler der Klasse, und somit auch Eva, in einer Situation, in der sie neues Wissen selbstständig erarbeiten müssen. Die Szene lässt somit erkennen, dass die Verwendung von Sprache in Situationen, in denen sich Lernende an der Schwelle ihres kognitiven Horizontes befinden, schwierig ist und vermeintlich auch schwerer fällt als in solchen Situationen, in denen bereits vertraute Begriffe erneut expliziert werden sollen. Eine begriffliche Bedeutung auszudrücken, ohne die dazugehörigen Begriffswörter zu kennen, ist schon eine Anforderung, die über das reine Erfassen der neuen inhaltlichen Zusammenhänge hinausgeht (Meyer 2007). Darüber hinaus ist der Gebrauch von Sprache in solchen Situationen kognitiver Herausforderung („Sprache unter kognitiver Belastung", s. Meyer 2007) deutlich problematischer als in Situationen, in denen man sich auf die Explikation selbst konzentrieren kann und die inhaltlichen Zusammenhänge (relativ) klar sind. Ein sprachlich eloquenter Ausdruck erfordert kognitive Ressourcen, die in Situationen mathematisch-inhaltlichen Anspruches (z. B. wenn sich die Lernenden bei Prozessen des Entdeckens und Begründens zuvor nicht bekannter inhaltlicher Zusammenhänge an der Grenze ihres kognitiven Horizontes befinden) nicht unbedingt in einem ausreichenden Umfang zur Verfügung stehen.

Will man wie in Beispiel 1 auch hier eine Rolle von Sprache zuordnen, so könnte man sagen, dass der Sprachgebrauch dazu dient, Entdeckungen (und somit „Wissen") zu präsentieren und auszuhandeln. Der Sprache kommt somit eine kognitive Funktion zu (Maier und Schweiger 1999, S. 11).

Auch zeigt sich, dass nicht nur Fachwörter, sondern ebenfalls Modalterme (s. temporales und logisches „dann" in der Äußerung von Eva) polysemantisch verwendet werden können. Der interaktive Gebrauch von Sprache stellt also Anforderungen an die Interaktionsteilnehmer (also auch an die Zuhörer), die deutlich über die Verwendung normativ etablierter Sprachnutzung hinausgehen.

Beispiel 3: Güliz erklärt das Wort „Rhombus"

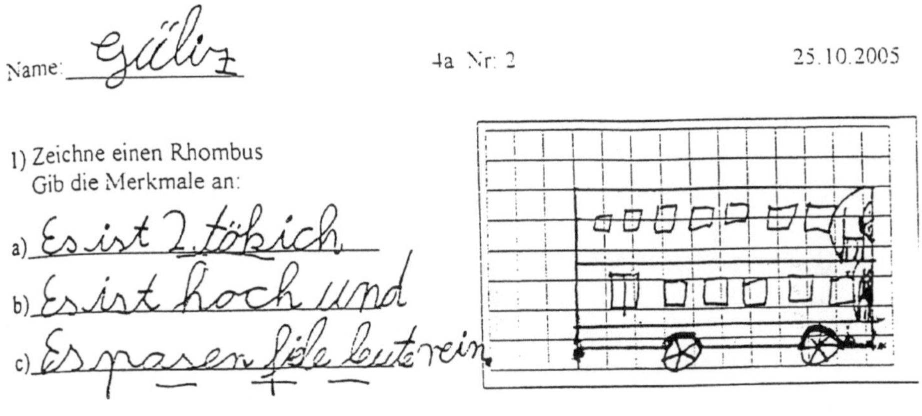

Abb. 1.2 Güliz erklärt einen „Rhombus". (Verboom 2008, S. 95)

Für Güliz hat das Wort „Rhombus" möglicherweise die Bedeutung eines Busses, der in oder nach Rom fährt. Diese relativ zum Mathematikunterricht wenig kontextadäquate Lösung kann durch den Migrationshintergrund von Güliz erklärt werden. Vergleichbar zu Beispiel 1 kann hier davon gesprochen werden, dass es verschiedene Register gibt: eines mit fachlicher Ausprägung und eines mit einer eher alltagssprachlichen.

Die im Mathematikunterricht realisierte (Fach-)Sprache stellt für Güliz scheinbar eine besondere Herausforderung dar: Sie muss nicht nur eine situationsspezifische Bedeutung zu gegebenen Wörtern finden, sondern diese Wörter zunächst eingehend analysieren. Das Beispiel deutet also an, dass das Nutzen von Sprache auch zu Lernhindernissen führen kann. Weiterhin lassen sich auch hier verschiedene, bereits oben thematisierte Aspekte der Sprache erkennen, wie beispielsweise die Differenz von Alltags- und Fachsprache und die Kontextgebundenheit der Sprache.

Die Bedeutung der Sprache für das Mathematiklernen wird auch in den Ergebnissen der Untersuchungen zu den zentralen Abschlussprüfungen der Klasse 10 (ZP 10) von Prediger et al. (2015) ersichtlich: Es zeigen sich dort deutliche Differenzen in den Mathematikleistungen von sprachlich starken und sprachlich schwachen Lernenden (gemessen durch einen C-Test). Vergleichsweise geringere, aber immer noch große Differenzen zeigten sich hinsichtlich der Mathematikleistungen zwischen Lernenden ohne und mit Migrationshintergrund.

1.2 Zum Inhalt dieses Buches

Sprache begegnet uns im Mathematikunterricht in verschiedenen Erscheinungsformen: von einer spontan vorgetragenen, vermeintlich „wirren" mündlichen Schüleräußerung bis hin zu einer wohlformulierten schriftlichen Definition in einem Schulbuch. Sie begegnet uns auch an verschiedenen Stationen des fachlichen Lernprozesses: in der (vorläufigen) Lösung einer kognitiv herausfordernden Entdeckungsaufgabe bis hin zur Reproduktion eines auswendig gelernten Zusammenhangs.

Die Betrachtung der sprachlichen Äußerungen hängt dabei wesentlich von der eingenommenen Perspektive ab: soziologisch, philosophisch, linguistisch etc. In dem vorliegenden Buch sollen jedoch nicht die verschiedenen theoretischen Perspektiven einzeln dargestellt und analysiert werden, sondern ihre Zusammenschau, die für den Mathematikunterricht unmittelbar relevant ist: Es wird die aktuelle mathematikdidaktische Diskussion in ihren Grundzügen präsentiert, welche unterschiedliche Perspektiven einbezieht, um so ein reichhaltiges Bild von der Sprache im Fach Mathematik zeichnen zu können.

In Kap. 2 wird die Sprache im Fach Mathematik hinsichtlich ihrer äußeren Erscheinungsformen beleuchtet und sortiert. Sie bewegt sich an der Oberfläche des Beobachtbaren zwischen mündlichen und schriftlichen Gebrauchsweisen (s. Abschn. 2.1), wobei dem konzeptionell schriftlichen Sprachgebrauch (s. Abschn. 2.2) mit seinem spezifischen Kontextbezug (s. Abschn. 2.3) in der Institution Schule eine besondere Bedeutung zukommt. Gleichzeitig ist die Sprache im Fach Mathematik durch die spezifischen Anforderungen der dahinter stehenden wissenschaftlichen Disziplin geprägt (s. Abschn. 2.4). Damit ergibt sich für konkret stattfindenden Mathematikunterricht die Frage, wie dort zwischen allgemeinsprachlichen Anforderungen von schulischem Unterricht und den sprachlichen Konventionen der Wissenschaft Mathematik situativ Regeln für ein angemessenes Sprechen und Schreiben über Mathematik ausgehandelt werden (s. Abschn. 2.5).

In Kap. 3 wird die Sprache weitgehend unabhängig von ihren möglichen äußeren Erscheinungsformen in ihrem Nutzen für das mathematische Lernen betrachtet. Dazu werden Funktionen, welche die Sprache im Prozess des Mathematiklernens erfüllen kann (s. Abschn. 3.1), und Rollen, die sie tatsächlich einnimmt (s. Abschn. 3.2), vorgestellt und zueinander in Beziehung gesetzt.

In Kap. 4 werden anhand beispielhaft ausgewählter empirischer Studien einzelne Einflussfaktoren auf die Sprache im Fach Mathematik beleuchtet. Die empirische mathematikdidaktische Forschung befindet sich im Hinblick auf die Sprache erst an ihrem Beginn und doch liegen bereits interessante empirische und theoretische Einsichten zu den Einflussfaktoren Migrationshintergrund (s. Abschn. 4.1), Sprachkompetenz (s. Abschn. 4.2), Kontextbedingungen (s. Abschn. 4.3) und Umgang mit im Unterricht zu bewältigenden Spannungen (s. Abschn. 4.4) vor.

In Kap. 5 wird die Sprache vor einem zentralen Aspekt schulischer Realität in Deutschland betrachtet: Viele Lernende haben eine andere Erstsprache als die Unterrichtssprache Deutsch, was bisher kaum als Chance, sondern vielmehr als Problem behandelt wird. Doch zahlreiche internationale Forschungsarbeiten (s. Abschn. 5.1), die durch eigene Studien im deutschen Sprachraum ergänzt wurden (s. Abschn. 5.2), zeigen, dass und inwiefern es für Unterricht produktiv sein kann, die Mehrsprachigkeit von Lernenden als Ressource zu verstehen und sie zugunsten fachlicher Lehrziele zu nutzen.

In Kap. 6 werden die bisher dargelegten theoretischen und empirischen Betrachtungen von Sprache im Fach Mathematik für den konkreten Mathematikunterricht gebündelt. Es werden grundlegende Überlegungen zur Sprachförderung im Fach vorgestellt (s. Abschn. 6.1) sowie Hinweise zur Planung und Umsetzung eines sprachsensiblen Mathematikunterrichts entwickelt (s. Abschn. 6.2 und 6.3).

In Kap. 7 werden die wesentlichen Perspektiven des Buches zusammengefasst und als Grundlage für die Formulierung bisher offener (Forschungs-)Fragen genutzt.

Literatur

Dreyfus, T.: Was gilt im Mathematikunterricht als Beweis? Beiträge zum Mathematikunterricht. Franzbecker, Hildesheim, S. 15–22 (2002)

Durkin, K., Shire, B.: Language in mathematics education – research and practise. Open UP, Milton Keynes England (1991)

Garfinkel, H.: Studies in ethnomethodology. Prentices Hall, New-York (1967)

Hersh, R.: Proving is convincing and explaining. Educ Stud Math **24**(4), 389–399 (1993)

Krumsdorf, J.: Beispielgebundenes Beweisen. ULB, Münster (2015). https://repositorium.uni-muenster.de/document/miami/66ad0125-e2d8-4c6e-921d-72d664b8bd58/diss_krumsdorf.pdf. Zugegriffen: 02. März 2017

Maier, H., Schweiger, F.: Mathematik und Sprache. Zum Verstehen und Verwenden von Fachsprache im Unterricht. oebv und hpt Verlagsgesellschaft, Wien (1999)

Mead, G.H.: Mind, self and society. University of Chicago Press, Chicago (1934)

Meyer, M.: Entdecken und Begründen im Mathematikunterricht. Von der Abduktion zum Argument. Franzbecker, Hildesheim (2007)

Prediger, S., Wilhelm, N., Büchter, A., Gürrsoy, E., Benholz, C.: Sprachkompetenz und Mathematikleistung. Empirische Untersuchung sprachlich bedingter Hürden in den Zentralen Prüfungen 10. J Für Math **36**(1), 77–104 (2015)

Struve, H.: Grundlagen einer Geometriedidaktik. BI Wissenschaftsverlag, Mannheim (1990)

Verboom, L.: Mit dem Rhombus nach Rom. Aufbau einer fachgebundenen Sprache im Mathematikunterricht der Grundschule. In: Bainski, C., Krüger-Potratz, M. (Hrsg.) Handbuch Sprachförderung, S. 95–112. Neue Deutsche Schule, Essen (2008)

Voigt, J.: Interaktionsmuster und Routinen im Mathematikunterricht: theoretische Grundlagen und mikroethnographische Falluntersuchungen. Beltz, Weinheim (1984)

Wittgenstein, L.: Philosophische Untersuchungen. Suhrkamp, Frankfurt a. M. (1971)

Erscheinungsformen von Sprache 2

Zusammenfassung

Wer den Gebrauch von Sprache im alltäglichen Mathematikunterricht beobachtet, der wird an der Oberfläche des Beobachtbaren mit einiger Sicherheit ganz unterschiedliche Erscheinungsformen von Sprache registrieren können. Im Mathematikunterricht an deutschen Schulen wird zumeist Deutsch als Unterrichtssprache verwendet und doch variiert der Sprachgebrauch hinsichtlich zu hörender Mundarten (z. B. Schwäbisch oder Moselfränkisch), noch mehr aber in Abhängigkeit von der Situation: In einer spontan produzierten mündlichen Erklärung werden andere sprachliche Mittel verwendet als in einer schriftlichen wohlformulierten Definition in einem Schulbuch. Die theoretische Sortierung einer solchen Vielfalt der Erscheinungsformen ist das Anliegen dieses Kapitels. Dafür ist es hilfreich, zunächst einen mündlichen von einem schriftlichen Sprachgebrauch zu unterscheiden (s. Abschn. 2.1). Auf dieser Grundlage wird dann herausgearbeitet, dass insbesondere ein konzeptionell schriftlicher Sprachgebrauch mit seiner spezifischen Nutzung des Kontextes für den Schulerfolg von Bedeutung ist (s. Abschn. 2.2 und 2.3). Neben fächerübergreifenden sprachlichen Anforderungen des schulischen Unterrichts ist für das Lernen im Fach Mathematik insbesondere die Fachsprache der Mathematik orientierend (s. Abschn. 2.4), von der im Unterricht stets eine situativ ausgehandelte Variante genutzt wird, um über Mathematik zu schreiben und zu sprechen (s. Abschn. 2.5).

Für eine wie auch immer geartete Unterscheidung von sprachlichen Verwendungsweisen ist der Begriff des Registers nach Halliday (1985/89) äußerst hilfreich. Ein Sprachregister bezeichnet eine funktionale Verwendung von Sprache, wobei angenommen wird, dass ein Individuum seine Sprache den in einer Situation als gegeben erachteten Anforderungen anpasst. Demzufolge können im Mathematikunterricht unterschiedliche Sprachregister unterschieden werden, weil es dort unterschiedliche Anforderungssituationen gibt: „a variety of language, corresponding to a variety of situation" (Halliday 1985/89, S. 29). Die theoretische Sortierung der Sprachenvielfalt im Mathematikunterricht, die das Anliegen dieses Kapitels ist, ist folglich nicht nur, aber auch eine Sortierung unterschiedlicher Sprachregister.

2.1 Zwischen Mündlichkeit und Schriftlichkeit: Die Sprache des Alltags und der Wissenschaft

Koch und Oesterreicher (1985, S. 17) unterscheiden zwischen dem Medium und der Konzeption einer sprachlichen Äußerung. Hinsichtlich des Mediums kann eine Äußerung in phonischer Form (mündlich) oder graphischer Form (schriftlich) vorliegen. Diese Unterscheidung ist dichotom und meist recht einfach vorzunehmen. Ein Lehrer-Schüler-Gespräch im Mathematikunterricht ist medial mündlich und ein Arbeitsblatt mit Aufträgen, Erläuterungen und Hinweisen ist medial schriftlich. Weniger eindeutig ist die Unterscheidung hinsichtlich der Konzeption. Mit ihr wird die Frage nach den verwendeten Kommunikationsstrategien gestellt. Im Schulkontext bietet ein lockeres Pausenhofgespräch unter Freunden ein gutes Beispiel für einen konzeptionell mündlichen Sprachgebrauch. Zwei Jungen unterhalten sich in der Pause über das Champions-League-Spiel vom Vortag. Dabei wird der Austausch spontan organisiert, die Rollen des Sprechers und des Zuhörers sind potenziell jederzeit vertauschbar. Wer eben noch zugehört hat, ist im nächsten Moment der Erzähler. Wenn einer der Jungen etwas nicht versteht, kann er jederzeit nachfragen. Dabei ist es üblich, Emotionen zum Gesagten ins Gespräch einzubringen, etwa Erstaunen, Ärger oder Bewunderung offen zu zeigen. Eine solche spontane Kommunikation in einer Face-to-face-Situation führt aus linguistischer Perspektive häufig zu kurzen, grammatisch unvollständigen oder auch fehlerhaften Sätzen. Wörter werden mit unscharfen Bedeutungsfeldern genutzt und Texte zumeist spontan und in Kooperation mit dem Gesprächspartner produziert. Eine Explikation des Gemeinten erfolgt nur, soweit es für die Verständigung mit dem Gegenüber erforderlich ist. Die primäre Funktion des Sprachgebrauchs ist ein rascher und möglichst reibungsloser Austausch mit einem anwesenden Gegenüber. Gewisse Ungenauigkeiten in der Bedeutung, aber auch in der grammatikalischen Konstruktion können dabei akzeptiert werden, ohne dass der inhaltliche Austausch leidet oder ins Stocken gerät. Werden die Ungenauigkeiten zu groß, so können Missverständnisse mittels ausführlicheren Umschreibungen geklärt werden. Ein solches Sprachregister ist typisch für unseren Alltag und wird daher häufig auch als „Alltagssprache" (manchmal auch als „Umgangssprache", z. B. Küpper 1982) bezeichnet. Hinsichtlich des Mediums ist die Alltagssprache nicht festgelegt. Sie kann in medial mündlicher oder medial schriftlicher Form auftreten: Während die private Fußballdiskussion auf dem Pausenhof medial mündlich ist, ist ein Chat unter Freunden medial schriftlich. Beide Kommunikationssituationen werden aber üblicherweise mit den beschriebenen Kommunikationsstrategien bewältigt, die Koch und Oesterreicher (1985, S. 19 ff.) als konzeptionell mündlich einschätzen.

Ihnen stehen konzeptionell schriftliche Kommunikationsstrategien gegenüber, die besonders für den Bereich der Schriftsprache typisch sind (Koch und Oesterreicher 1985,

2.1 Zwischen Mündlichkeit und Schriftlichkeit

S. 20 f.). Zur Klärung kann man an einen Mathematikdidaktiker denken, der an seinem heimischen Schreibtisch einen wissenschaftlichen Artikel verfasst. Die Adressaten seines Textes sind nicht anwesend, ihm häufig sogar gar nicht bekannt. Somit sind die Prozesse der Sprachproduktion und der Sprachrezeption voneinander entkoppelt. Der Mathematikdidaktiker schreibt seinen Text und erst viel später werden die Adressaten ihn lesen. So muss er im Prozess des Schreibens die Rezeption seines Textes bereits gut planen und dem Leser alle zum Verständnis notwendigen Informationen im Text zur Verfügung stellen, sodass ein Verstehen des Textes auch ohne Rückfragen gelingen kann. Aus diesem Grund wird er sich um Exaktheit und Vollständigkeit bemühen, was die sprachlichen Strukturen seiner Äußerung aus linguistischer Sicht tendenziell komplexer werden lässt. Die Bedeutungen zentraler Wörter werden expliziert und jene Wörter in der Folge mit scharf abgegrenzter Bedeutung verwendet, Sätze werden aus Hauptsätzen, Nebensätzen und Einschüben komponiert und auf Textebene durch explizite Markierung der Kohäsion zu einem Ganzen verbunden.

Die primäre Funktion des Sprachgebrauchs ist es, fachliche Inhalte vollständig, präzise und zusammenhängend darzustellen. Dafür wird eine Komplexität der sprachlichen Strukturen in Kauf genommen oder sogar angestrebt. Ein solches Sprachregister ist typisch für wissenschaftliche Kontexte und wird daher auch als „Fachsprache" bezeichnet. Wie die Alltagssprache ist auch die Fachsprache hinsichtlich des Mediums nicht festgelegt. Während ein Artikel in einem wissenschaftlichen Journal in medial schriftlicher Form vorliegt, ist ein mathematikdidaktischer Vortrag auf einer Konferenz medial mündlich. Beide Situationen des fachlichen Austausches werden aber typischerweise mit Kommunikationsstrategien bewältigt, die Koch und Oesterreicher (1985, S. 20 f.) als konzeptionell schriftlich einschätzen.

Die Fachsprache selbst lässt sich aus verschiedenen Perspektiven betrachten. Hoffmann (1985, S. 53) definiert die Fachsprache, indem er sie als „systemlinguistisches Inventarmodell" betrachtet (zit. nach Roelke 2010, S. 15), welches sich an dem vorhandenen bzw. gebrauchten lexikalischen Inventar und syntaktischen Regeln orientiert: „Fachsprache – das ist die Gesamtheit aller sprachlichen Mittel, die in einem fachlich begrenzbaren Kommunikationsbereich verwendet wird, um die Verständigung zwischen den in diesem Bereich tätigen Menschen zu gewährleisten" (Roelke 2010, S. 15). Zu diesem sprachlichen Inventar kann man für eine genauere Definition der Fachsprache beispielsweise auch die Bedingungen der Nutzung desselben hinzuziehen, um den Fachsprachengebrauch inhaltlich zu verstehen. Werden zusätzlich auch Funktionen des Sprachgebrauches, wie beispielsweise die kognitive Funktion, hinzugezogen, so wäre folgende Beschreibung denkbar: „Fachkommunikation ist die von außen oder von innen motivierte bzw. stimulierte, auf fachliche Ereignisse oder Ereignisabfolgen gerichtete Exteriorisierung und Interiorisierung von Kenntnissystemen und kognitiven Prozessen, die zur Veränderung der Kenntnissysteme beim einzelnen Fachmann und in ganzen Gemeinschaften von Fachleuten führen" (Hoffmann 1993, S. 614).

Die kurzen Anführungen zeigen, dass es gar nicht so einfach ist, Fachsprache bzw. die Nutzung derselben in Kommunikationssituationen genauer zu fassen. Solche Diskussionen sind immer auch bestimmt von dem Blickwinkel, der auf die Fachsprache gelegt wird, sei es die Funktion der Sprache, das Medium der Sprache, das sprachliche Inventar oder die jeweilige Gemeinschaft (für eine ausführliche Diskussion dieser Aspekte sei auf Roelke (2010) verwiesen).

Ist von Fachsprache die Rede, so wird zumindest unterschwellig impliziert, dass es sich um eine eindeutige Sprache handelt. Jedoch ist auch dieser Aspekt differenziert zu betrachten. Ein einfaches Beispiel thematisieren Reiners und Struve (2011): Gleichungen lassen sich als (formale) Sprachwerkzeuge in der Mathematik und in der Chemie betrachten. Jedoch werden diese Werkzeuge in der Chemie und der Mathematik anders verwendet, wie die Auflistung in Tab. 2.1 zeigt.

In der Chemie und der Mathematik wird mit dem Wort „Gleichung" eine andere Bedeutung bezeichnet. Dies ist jedoch kein Einzelfall, wie man beispielsweise an dem unterschiedlichen Gebrauch von „Gleichgewicht" in der Chemie und in der Physik deutlich erkennt oder allein die polysemantische Verwendung des Zeichens „−3" (z. B. als Rechenzeichen und als Vorzeichen für eine negative Zahl) in der Mathematik zeigt: „Exaktheit ist hier allein eine relative Größe, die sich jeweils aus der einzelnen Definition und deren Einbindung in das betreffende definitorische Wortschatzsystem ergibt" (Roelke 2010, S. 69).

Wesentlich für dieses Phänomen ist die Tatsache, dass der Fachwortschatz nicht nur aus Neologismen (also aus Wortneuschöpfungen, wie in der Mathematik zum Beispiel „holomorph" oder im Mathematikunterricht „Kommutativgesetz") zusammengesetzt ist. Vielmehr werden auch bekannte Wörter aus dem herkömmlichen Wortschatz herangezogen und mit einer neuen Bedeutung versehen („Wurzel", „Verschiebung" … – für ausführliche Betrachtungen hierzu s. Abschn. 2.4). Wenn aber die Fachsprache auf dem bekannten Wortschatz der Alltagssprache aufbaut, dann werden bei der Nutzung der Fachsprache prinzipiell die Ungenauigkeiten der Alltagssprache mit übernommen. Eine eindeutige

Tab. 2.1 Zur Polysemie von „Gleichung"

Zeichen	Bedeutung in der Mathematik	Bedeutung in der Chemie
	Beispiel	
	$2+3=5$ Sprachlich: 2 plus 3 gleich 5	$A+B \rightarrow C$ Sprachlich: A und B reagieren zu C
+	Addieren: „plus" Zusammenfügen bzw. Verknüpfung von zwei Zahlen	Aufzählen, zusammenfassen: „und" Verbindung von Stoffen
= bzw. $\rightarrow$	= Die Terme „$2+3$" und „5" bezeichnen dasselbe Objekt, dieselbe natürliche Zahl	$\rightarrow$ Die Symbole „$A+B$" bezeichnen nicht den gleichen Stoff wie das Symbol „C" Ausdruck einer chemischen Reaktion, d. h., es entstehen aus den Ausgangsstoffen (Edukte) neue Stoffe mit neuen Eigenschaften (Produkte)

Nutzung fachsprachlicher Elemente ist bedingt durch den Kontext, in dem die sprachliche Äußerung getätigt wird. Ist von einem „Baum" die Rede, so mag ein Mathematiker zwar an die Kombinatorik denken, jedoch ist zu erwarten, dass die meisten Menschen zunächst an ein Objekt aus der Natur denken. Ähnlich könnte es Güliz (s. Abschn. 1.1) gegangen sein, die vielleicht sogar einen Rechtschreibfehler der Lehrperson unterstellt hat. Wird der Kontext der sprachlichen Äußerung vom Sprecher nicht beachtet oder vom Hörer nicht „richtig" (im Sinne des Sprechers) assoziiert, so sind Missverständnisse auch bei der Nutzung der Fachsprache zu erwarten. Eine „eindeutige" Sprachnutzung kann nur dann erfolgen, wenn der Kontext, in dem die Äußerung getätigt wird, beachtet und die Regeln der Verwendung des betreffenden Wortes in diesem Kontext angewendet werden.[1]

2.2 Auf dem Weg zur Schriftlichkeit: Die Sprache der Institution Schule

Die Unterscheidung zwischen konzeptioneller Mündlichkeit und Schriftlichkeit ist aus didaktischer Sicht von besonderer Bedeutung, wenn gefragt wird, welche Sprache im Schulunterricht von den Lernenden verlangt wird. Im Rahmen des BLK-Programms FörMig (Förderung von Kindern und Jugendlichen mit Migrationshintergrund) wurde beschrieben, welche Sprache im schulischen Unterricht fächerübergreifend von den Lernenden erwartet wird (z. B. Gogolin et al. 2011). Das entsprechende Register wird als Bildungssprache bezeichnet, welche in Bildungseinrichtungen und in Bildungsinstitutionen, aber auch in Teilen des öffentlichen Diskurses Verwendung findet (Riebling 2013, S. 37). Die Bildungssprache begegnet Lernenden im schulischen Kontext in vielfältigen Zusammenhängen, etwa ganz allgemein in Prüfungsaufgaben, in Schulbuchtexten und in Lehrer- oder Schüleräußerungen, aber auch fachspezifisch in Zeitungsartikeln im Politikunterricht, in verallgemeinernden Begründungen im Mathematikunterricht, in Versuchsbeschreibungen im Chemieunterricht oder in Sachtexten im Biologieunterricht. Diese sprachlichen Äußerungen gleichen sich darin, dass sie sich einer konzeptionell schriftlichen Sprache bedienen, um situationsunabhängig verständlich und genau zu sein. So wird das Register der Bildungssprache auch als eine „schriftsprachlich geprägte Sprache, die durch Komplexität, Abstraktheit, Kontextentbundenheit, Explizitheit und Kohärenz gekennzeichnet ist" (Schmölzer-Eibinger 2013, S. 26; so auch Lange und Gogolin 2010), beschrieben. In Übereinstimmung damit weist Gogolin (2009) diesem Register die „Merkmale formeller, monologischer schriftförmiger Kommunikation" (Gogolin 2009, S. 270) zu. Die Bildungssprache zeichnet sich also wie die Fachsprache wesentlich durch eine konzeptionelle Schriftlichkeit aus. So werden als linguistische Merkmale der Bildungssprache auch

---

[1] Eine eingehendere Auseinandersetzung mit dem Ideal der Eindeutigkeit und anderen Idealen der Fachsprache bzw. ihrer Nutzung erfolgt bei vielen Linguisten (u. a. Pohl 2007), eine ausführliche Diskussion der Existenz bzw. der Bedeutung des Kontextes einer sprachlichen Äußerung erfolgt in Abschn. 2.3.

v. a. solche Aspekte benannt, die der Schriftlichkeit zuzuordnen sind (Gogolin et al. 2011, S. 13):

- klare Festlegung der Sprecherrollen,
- stilistische Konventionen (z. B. Sachlichkeit, logische Gliederung),
- Präfixverben (z. B. erhitzen, sich entfalten),
- nominale Zusammensetzungen (z. B. Stromstärke, Aggregatzustand),
- normierte Fachbegriffe (z. B. rechtwinklig, Oxidation),
- explizite Markierungen des Textzusammenhangs (z. B. daher, aus diesem Grund),
- Satzgefüge (z. B. Relativsätze, erweiterte Infinitive),
- unpersönliche Konstruktionen (z. B. Passivsätze, man-Sätze),
- Funktionsverbgefüge (z. B. zur Explosion bringen, einer Prüfung unterziehen),
- umfangreiche Attribute (z. B. der sich daraus ergebende Schluss).

Angesichts dieser Merkmale kann festgestellt werden, dass die Bildungssprache als sprachliches Zielregister der Institution Schule strukturell vergleichsweise komplex ist. Darin gleicht sie der Fachsprache. Diese Einschätzung stützt Riebling (2013, S. 38), wenn sie darauf hinweist, dass die Bildungssprache im Verlauf einer Bildungskarriere immer mehr an den jeweiligen wissenschaftlichen Bezugsdisziplinen orientiert und somit immer stärker fachspezifisch durchformt sei. Folglich mag es aus linguistischer Perspektive vertretbar sein, die Register der Fachsprache und der Bildungssprache zusammenzufassen. Gemeint ist in beiden Fällen ein konzeptionell schriftlicher Sprachgebrauch. Wir plädieren dennoch dafür, beide Begriffe in der didaktischen Diskussion zu halten, sie aber in ihren differierenden Schwerpunktsetzungen zu erkennen und entsprechend zu nutzen (dazu Tiedemann 2015a, S. 42 f.). Wer „Bildungssprache" sagt, hebt hervor, dass institutionelle Bildung über einzelne Fachsprachen hinweg mit einem spezifischen Sprachgebrauch verbunden ist. Diese Perspektive erleichtert die notwendige fächerübergreifende Diskussion einer durchgängigen Sprachbildung (Gogolin et al. 2011): Worin gleichen sich die sprachlichen Anforderungen in den unterschiedlichen Schulfächern? Wie kann die sprachliche Entwicklung der Lernenden fächerübergreifend, etwa im Sinne eines sprachlichen Schulcurriculums, unterstützt werden (dazu Vollmer und Thürmann 2010)? Wer hingegen „Fachsprache" sagt, der hebt den fachlichen Bezug des Sprachgebrauchs hervor. Denn abseits fächerübergreifender Überlegungen ist es nicht minder wichtig, dass in den fachdidaktischen Diskussionen herausgearbeitet wird, welche ganz eigenen sprachlichen Anforderungen das jeweilige Fach an die Lernenden stellt. Es ist beispielsweise kritisch zu fragen, ob eine Beschreibung im Chemieunterricht eigentlich an denselben Kriterien zu messen ist wie eine Beschreibung im Kunstunterricht, oder, um es allgemeiner zu formulieren, inwiefern die Kriterien für den unterrichtlichen Sprachgebrauch fächerübergreifend gültig sind oder sich in ihrer Orientierung an der jeweiligen Bezugsdisziplin des Schulfaches doch auch voneinander unterscheiden.

Der Begriff der Bildungssprache ist jedoch nicht nur mit Bezug zur Frage seiner Fachspezifität zu klären, sondern auch im Hinblick auf die Institution Schule, mit der er an dieser Stelle vornehmlich in Verbindung gebracht wird. Diese Bindung des Begriffs „Bildungssprache" soll erhellt werden, indem er vom Begriff der „Schulsprache" nach Feilke (2012, 2013) abgegrenzt wird. Während Vollmer und Thürmann (2010, S. 3) eher allgemein konstatieren, dass es sich bei der Schulsprache um eine schulische Variante des akademischen Sprachgebrauchs handelt, was eher an ein Synonym für „Bildungssprache" denken lässt, arbeitet Feilke den Nutzen heraus, das eine klar vom anderen zu unterscheiden: Die Bildungssprache charakterisiert er in Übereinstimmung mit den obigen Ausführungen über ihre allgemein bildungsrelevanten Sprachfunktionen und -formen. Sie zeichne sich durch eine Verwendung tendenziell komplexer sprachlicher Formen aus und sei gerade daher geeignet, um komplexe Sachverhalte präzise darzustellen. Aufgrund dieser Eigenschaft könne das Register der Bildungssprache für fachdidaktische Zwecke im Unterricht genutzt werden, wo die genaue Darstellung fachlicher Zusammenhänge häufig nützlich oder sogar notwendig ist (Feilke 2013, S. 118 f.). Gleichwohl ist die Bildungssprache nach Feilke (2013, S. 118 f.) keinesfalls auf schulische Kontexte beschränkt, sondern findet auch in der Rechtsprechung, in der Wissenschaft oder der gehobenen öffentlichen Berichterstattung Anwendung.

Anders verhalte es sich mit der Schulsprache. Sie wird ausschließlich in der Institution Schule verwendet und wird daher auch primär über diesen Gebrauchskontext bestimmt. So führt Feilke (2013, S. 118 f.) aus, dass die Schulsprache sprachliche Praktiken, Maximen, Normen und Lerngegenstände umfasse, die primär institutionellen Zwecken verpflichtet seien. Bezieht man Feilkes Unterscheidung auf den Mathematikunterricht, so lässt sich beispielhaft an Folgendes denken: Die sprachlichen Praktiken, geometrische Konstruktionen, die nur mit Zirkel und Lineal ausgeführt werden, oder eine Folge von bereits gelösten arithmetischen Aufgaben zu beschreiben, kommen außerhalb der Institution Schule (bzw. weiterführenden Bildungseinrichtungen) kaum vor. Vielmehr ist der Lernende gefordert, sich einer fiktiven Anforderung zu stellen: Er soll so tun, als verstehe die Lehrperson die Konstruktion nicht oder als würden die Mitschüler, die dieselben Aufgaben gelöst haben, die Aufgaben nicht kennen. Mit anderen Worten: In der Schule wird von den Lernenden ein sprachliches Verhalten erwartet, das außerhalb der Institution kommunikativ vollkommen unangemessen sein kann, das innerhalb der Institution aber häufig entscheidend für die Einschätzung der erbrachten Mathematikleistung ist. Das erwartete Sprachverhalten ist aus pragmatischer Sicht „institutionell angemessen" (Feilke 2013, S. 116, Hervorhebung im Original). Damit wird ein solches Sprachverhalten zu einem schulischen Lerngegenstand. Denn es kann nicht erwartet werden, dass die Lernenden außerhalb der Schule einen Sprachgebrauch lernen, der außerhalb der Schule tendenziell unangemessen ist. Die Spezifität des schulischen Sprachgebrauchs ist folglich ein Lerngegenstand, mit dem die Lernenden exklusiv in der Schule konfrontiert sind und dessen Aneignung aus diesem Grund auch nur dort stattfinden kann. Der Lerngegenstand Schulsprache zeichnet sich dabei nicht durch andere sprachliche Formen als die Bildungssprache aus, sondern durch spezifische Maximen und Normen. Eine Maxime ist etwa: „Sei möglichst explizit und vollständig!" (Feilke 2013, S. 117). Auch wenn die Lehrperson eine geometrische Konstruktion in vollem Umfang versteht und alle Mitschüler dieselben Aufgaben bearbeitet haben, wird von den Lernenden häufig erwartet, dass sie alle Schritte ihres Vorgehens explizieren und exakt wiedergeben. Ein Grund kann sein, dass der Zweck des Sprachgebrauchs nicht wie häufig im Alltag derjenige ist, dass der Gesprächspartner versteht, was gemacht wurde (dann könnte man sich in der Interaktion auf jene Informationen beschränken, die dem Gesprächspartner noch fehlen), sondern dass vielmehr überprüft wird, ob der Sprechende alle fachlich relevanten Bestandteile erfasst hat. Aus einem ähnlichen Grund ist eine Norm, die in der Schule häufig mit dem Gebrauch von Sprache verbunden ist, eine Antwort nicht nur zu geben, sondern sie stets auch zu begründen (Feilke 2013, S. 117; dazu auch Voigt 1994; Yackel et al. 1991). Auch wenn das Ergebnis einer Additionsaufgabe im Mathematikunterricht gar nicht strittig ist in dem Sinne, dass ein anderes Kind anderer Meinung ist, ist der Antwortgeber zumeist gefordert, seine Antwort auf eine bestimmte Art zu begründen. Während das Ergebnis einer Additionsaufgabe im Zahlenraum bis 10 z. B. noch durch ein Weiterzählen begründet werden kann, ist dieses beim Addieren mehrstelliger Zahlen mit Blick auf die Überwindung des zählenden Rechnens nicht mehr angemessen.

So wird ersichtlich, dass gerade durch das Einfordern der Schulsprache, mit ihren ganz eigenen Textformen und sprachbezogenen Erwartungen, das Einüben in die Bildungssprache mit ihrer Explizitheit, Komplexität und Kohärenz erreicht werden kann. So bezeichnet Feilke (2013) die Schulsprache auch als ein „Instrument zur Erziehung zur Bildungssprache" (Feilke 2013, S. 117). Gerade durch die für die Schulsprache typische Arbeit mit didaktischen Fiktionen („Sprich so, als würden wir nicht alle auf dieselben Aufgaben an der Tafel blicken!") fördert das Einüben der Schulsprache die Rezeption und Produktion von Bildungssprache, die weit über die Schule hinaus relevant ist. In Analogie zum Bezug der Bildungssprache zur Fachsprache mag mit Blick auf ihren Bezug zur Schulsprache festgestellt werden: Die beiden Begriffe mögen im Einzelfall dasselbe bezeichnen, nämlich einen konzeptionell schriftlichen Sprachgebrauch in der Institution Schule, aber sie setzen unterschiedliche Akzente. Wer „Schulsprache" sagt, betont, dass sich die Institution Schule durch einen spezifischen Sprachgebrauch auszeichnet, der dort hergestellt wird und auch nur über die Ziele der Institution Schule seine Begründung erfährt. Wer hingegen „Bildungssprache" sagt, der hebt stärker hervor, dass der gemeinte Sprachgebrauch, der im Klassenzimmer von Zeit zu Zeit künstlich und zweckentbunden erscheinen mag, allgemein bildungsrelevant ist und erst dann als wertvoll eingeschätzt werden kann, wenn der Blick nicht auf die Schule beschränkt bleibt, sondern die Schule vielmehr als eine Bildungsinstitution gesehen wird, die auf die gesellschaftliche Teilhabe vorbereiten und damit auch auf die Teilhabe an wissenschaftlich fundierten Diskursen oder öffentlicher Berichterstattung vorbereiten soll.

2.3 Zur Frage des Kontextes

Eine etwas anders gelagerte Perspektive auf die Sprache, die im schulischen Zusammenhang von den Lernenden verlangt wird, hat Cummins (2000) entwickelt. Er fragt

2.3 Zur Frage des Kontextes

danach, inwiefern der Kontext[2] für den Prozess der Sprachproduktion genutzt wird oder aus normativer Sicht genutzt werden darf. Zu diesem Zweck unterscheidet er zwischen zwei unterschiedlichen Formen des Sprachgebrauchs, zwischen einem konversationellen und einem akademischen Sprachgebrauch. Traditionell werden die dazu erforderlichen sprachlichen Fähigkeiten als „basic interpersonal communicative skills" (BICS) und als „cognitive language academic proficiency" (CALP) bezeichnet (Cummins 1979). Cummins (2000, S. 68) unterscheidet BICS und CALP anhand eines Kontinuums. Ein Schüler kann im Mathematikunterricht also in unterschiedlichen Inhaltsbereichen, in unterschiedlichen Situationen, aber auch an unterschiedlichen Tagen sprachliche Fähigkeiten zeigen, die mal eher als BICS einzuordnen wären, mal eher als CALP und mal als eine bunte Mischung aus beidem. Zentral für Cummins' Unterscheidung ist die Frage, inwiefern der situative Kontext die Kommunikation stützt, etwa indem Handlungen mit und ohne Material, Gesten, Gesichtsausdrücke oder die Intonation genutzt werden, um sich mit dem Gesprächspartner zu verständigen, oder inwiefern die Kommunikation auf verbalsprachliche Mittel, die vom konkreten Kommunikationskontext weitgehend unabhängig sind, beschränkt bleibt. Cummins (2000, S. 68) spricht von den Polen dieses Kontinuums als einem kontextgebundenen Sprachgebrauch einerseits („context-embedded", S. 68) und einem kontextreduzierten oder einem, und mit diesem Begriff wird Cummins weitaus häufiger zitiert, dekontextualisierten Sprachgebrauch andererseits („context-reduced", S. 68).

Der kontextgebundene Sprachgebrauch sei tendenziell eher typisch für den außerschulischen Alltag der Kinder, wo sie vornehmlich aus Erfahrung und Handlungen lernen (Cummins 2000, S. 65). Häufig wird dieser Sprachgebrauch mit der Bezeichnung „Alltagssprache" verbunden (s. Abschn. 2.1). Im Alltag ist es üblich, in größerem Umfang auf die aktuelle Face-to-face-Situation Bezug zu nehmen, um sich mit anderen zu verständigen. Wir erzählen einem Freund von unseren Erlebnissen der letzten Tage, stimmen uns mit Kollegen über anstehende Aufgaben ab oder organisieren Arbeitsprozesse im Mathematikunterricht. In all diesen Situationen profitieren wir davon, wenn unsere Sprache schnell und einfach zu verstehen ist und uns auf diese Weise eine reibungslose Kommunikation gelingt. Zu diesem Zweck rekurrieren wir im Alltag häufig auf die Situation, die wir mit unseren Zuhörern teilen, und verkürzen unsere Sprache: Wir zeigen auf Gemeintes und verweisen verbalsprachlich nur („hier", „da", „so") oder lassen Aspekte unerwähnt, die sich unseren Adressaten aus der Situation heraus erschließen. Wir formulieren knappe, vielleicht auch grammatikalisch fehlerhafte Sätze. Die primäre Intention ist stets eine rasche und reibungslose Verständigung mit unserem Gegenüber. Die dazu erforderlichen sprachlichen Fähigkeiten (BICS) werden nach Cummins (2000, S. 58) eher schnell erworben und sind für Lernende eher selten problematisch.

Viele schulische Anforderungen zeichnen sich nach Cummins (2000, S. 68) aber dadurch aus, dass sie einen anderen, einen kontextreduzierten Sprachgebrauch erfordern.

---

[2] Es sei erwähnt, dass auf die Erweiterung des Kontextes durch eine einzelne Sprachhandlung (s. Reflexivität in Abschn. 1.1) hier nicht eingegangen wird, insofern eine solche Erweiterung auch immer von der konkreten Sprachhandlung abhängt.

Handlungen mit und ohne Material, Gestik, Mimik und Intonation werden also nicht zur Verständigung genutzt, sondern stattdessen erfolgt eine Beschränkung auf linguistische Mittel. Ein solcher Sprachgebrauch ist typisch für institutionelle Bildungskontexte („Bildungssprache", s. Abschn. 2.2 und z. B. Gogolin et al. 2011) und wissenschaftliche Kommunikation („Fachsprache", s. Abschn. 2.1 und z. B. Roelcke 2010). Das Ziel des Sprachgebrauchs ist dabei nicht länger eine rasche und reibungslose Kommunikation mit einem konkreten Gesprächspartner, sondern vielmehr eine vollständige, präzise und prägnante Darstellung fachlicher Inhalte, wobei die Adressaten nicht unbedingt bekannt sind. Die für einen solchen akademischen Sprachgebrauch erforderlichen Fähigkeiten (CALP) brauchen nach Cummins (2000, S. 58) mehr Zeit, um sich zu entwickeln, und würden insbesondere für Lernende, die im Unterricht in ihrer Zweitsprache lernen, eher häufig zu einer Hürde werden.

Zur Frage des Kontextes hat Aukerman (2007) in der kritischen Rezeption von Cummins (2000) zur Unterscheidung einen interessanten Hinweis gegeben. Sie merkt an, dass es irreführend sei, von einem dekontextualisierten Sprachgebrauch zu sprechen, da es keine sprachliche Äußerung ohne einen Kontext gebe: „No text, and no spoken word ever exists without a context" (Aukerman 2007, S. 630). Aus der Sicht eines Individuums können Kontexte stark variieren; sie können konkret oder abstrakt, vertraut oder ungewohnt, vielleicht sogar ganz neu sein, aber, so Aukerman (2007, S. 630), man produziert und rezipiert Sprache stets mit Bezug zu einem Kontext. Um es in ihren Worten zu sagen: Wir rekontextualisieren sprachliche Äußerungen, ganz gleich, ob wir Sprecher oder Zuhörer sind. Wir verbinden eine jede sprachliche Äußerung mit einem Kontext, den wir vor dem Hintergrund unserer Deutungen zu dem jeweiligen Zeitpunkt als angemessen erachten. Im Mathematikunterricht deutet ein jeder Schüler eine gehörte Äußerung der Lehrkraft vor dem fachlichen (oder nichtfachlichen) Hintergrund, der ihm aufgrund des situativen Zusammenhangs als adäquat erscheint. Wenn ein Schüler eine Äußerung der Lehrkraft also missversteht, dann ist mit Aukerman davon auszugehen, dass der Schüler sehr wohl einen Kontext zur Deutung der Aussage herangezogen hat, dieser aber eben nicht (in hinreichendem Maße) zum intendierten Kontext der Lehrkraft passt. Die Rekontextualisierung des Schülers ist vorhanden, kommt aber mit der der Lehrkraft nicht zur Passung.

Blickt man vor dem Hintergrund von Aukermans Ausführungen erneut auf Cummins' Unterscheidung zwischen einem kontextgebundenen und einem kontextreduzierten Sprachgebrauch, so wird ersichtlich, dass Cummins den inhaltlichen Kontext – anders als Aukerman – nicht betrachtet. Er bezieht sich ausschließlich auf die Situation und den Prozess der Sprachproduktion. Inhaltliche Bezüge geraten bei ihm kaum oder nur indirekt in den Blick. Ein kontextreduzierter Sprachgebrauch ist nach Cummins also kein Sprachgebrauch, der von jeglichem Kontextbezug befreit ist, sondern ein Sprachgebrauch, der inhaltlich sehr wohl auf einen spezifischen Kontext bezogen ist, dessen Realisierung sich aber weitgehend auf die Nutzung sprachlicher Symbole beschränkt und den sozialen und physischen Kontext zur Bedeutungsaushandlung kaum nutzt und sich in diesem Sinne von ihm löst. Es mag zum Verständnis der Diskussion nützlich sein, analytisch zwischen der inhaltlichen und der linguistischen Dimension einer sprachlichen Äußerung

2.3 Zur Frage des Kontextes

zu unterscheiden: Die inhaltliche Dimension ist nach Aukerman (2007, S. 630) nicht ohne einen Kontext zu denken, die linguistische kann sich, wie von Cummins (2000) ausgeführt, sehr wohl von dem konkreten sozialen und physischen Kontext der Kommunikationssituation lösen. Damit wird deutlich, dass Cummins (2000) und Aukerman (2007) mit unterschiedlichen Kontextbegriffen arbeiten. Bei Cummins ist mit Kontext die konkrete Situation gemeint, in der eine sprachliche Äußerung produziert wird: Befinden sich Sprecher und Zuhörer in räumlicher Nähe zueinander, sodass Handlungen mit und ohne Material, Gestik, Mimik und Intonation zur Verständigung genutzt werden können? Sind Objekte zugegen, auf die der Sprecher verweisen kann? Bei Aukerman ist mit Kontext nicht unbedingt die physische Realität gemeint, in die die Sprachproduktion eingebettet ist, sondern vielmehr die Situation, auf die sich die sprachliche Äußerung inhaltlich bezieht. So führt sie (Aukerman 2007, S. 630) denn auch als Argument gegen Cummins' Unterscheidung zwischen BICS und CALP an, dass schon sehr junge Kinder über Dinge sprechen könnten, die nicht zugegen sind. Sie berichtet exemplarisch von einem 20 Monate alten Mädchen, das kürzlich auf einem Bauernhof war und nun in einer Krankenhauslobby im Dialog mit einem anderen Kind wiederholt das Wort „Kühe" nennt, obgleich im Krankenhaus natürlich keine Kühe physisch anwesend sind. Dem Mädchen gelingt es also, sprachlich auf einen Kontext zu verweisen, der sich von dem aktuellen Kontext der Sprachproduktion unterscheidet. Doch das ist u. E. nicht die Dekontextualisierung, die Cummins (2000) meint, wenn er von einem dekontextualisierten Sprachgebrauch spricht.

So ist schließlich festzuhalten, dass Aukermans (2007) Hinweis Cummins' (2000) Rede von einer Dekontextualisierung der Sprache gar nicht widerspricht, sondern sie vielmehr um einen stärker inhaltlichen Blickwinkel ergänzt. Lernende beziehen das, was sie im Unterricht hören, auf einen (inhaltlichen) Kontext, den sie als passend erachten. Sie machen sich einen Reim aus dem Gesagten und entscheiden für sich, was wohl gemeint sein könnte. Ebenso haben sie einen bestimmten (inhaltlichen) Kontext im Blick, wenn sie sich selbst sprachlich äußern. Sie meinen etwas und wollen das von ihnen Gesagte im „richtigen" Kontext verstanden wissen. So wird die Frage der Rekontextualisierung zu einer Frage nach individuellen Deutungen. Wenn im Mathematikunterricht über mathematische Objekte, Relationen und Prozesse gesprochen wird, ist zu fragen, ob die Deutungen der Gesprächspartner in der Frage des Kontextes zueinanderpassen: Stimmen die Rekontextualisierungen der Lernenden und Lehrenden in einem hinreichenden Maße überein? Nachgeordnet kann dann in Anlehnung an Cummins (2000) gefragt werden, wie die Sprachproduktion, die dem angezielten inhaltlichen Kontext verpflichtet ist, realisiert wird: Wird der soziale und physische Kontext zur Sprachproduktion genutzt oder ist eine Beschränkung auf sprachliche Symbole zu erkennen? Und erst in diesem Zusammenhang ist es erhellend zu erfahren, dass Lernende laut Cummins (2000) z. T. große Schwierigkeiten damit haben, sich sprachlich zu äußern, ohne den Kontext als Stützung heranzuziehen, oder, um es in anderen Worten zu sagen, sich konzeptionell schriftlich, also bildungs- oder schulsprachlich zu äußern (s. Abschn. 2.2). Da die Verwendung einer solchen Sprache aber mitentscheidend für den Erfolg im Mathematikunterricht ist, ist es die Aufgabe von Mathematiklehrkräften, die fachspezifische Variante der Bildungssprache als Lerngegenstand in den Blick zu nehmen und gezielt zu fördern. Was aber zeichnet die Sprache der Mathematik aus?

2.4 Disziplinär geordnet: Die Sprache der Mathematik

Ein zentrales Anliegen der wissenschaftlichen Disziplin Mathematik besteht darin, den Wahrheitswert gegebener Aussagen zu bestimmen. Dazu ist es erforderlich, dass die Wörter, aus denen die Aussage zusammengesetzt ist, mit exakt definierten Bedeutungen verwendet werden. Denn nur auf diese Weise kann eindeutig entschieden werden, ob die Aussage wahr oder falsch ist. Durch das Definieren der Fachwörter werden diese basalen Bausteine der mathematischen Fachsprache mit einer Bedeutung versehen und in ein Netz bereits definierter Begrifflichkeiten eingebunden. Diese Herstellung eines mathematisch-begrifflichen Netzes, aber auch die Prozesse des mathematischen Problemlösens und Argumentierens sind ohne die Verwendung geeigneter Satz- und Textstrukturen kaum vorstellbar. Erst in Sätzen und Texten entfalten Fachbegriffe ihr Potenzial als Bausteine mathematischer Gedankengänge. Dementsprechend wird nachfolgend zwischen der Wort-, Satz- und Textebene unterschieden (Meyer und Prediger 2012).

Wortebene: Betrachtet man Wörter vergleichend in der Alltags- und der Fachsprache, so können drei Kategorien unterschieden werden (Maier und Schweiger 1999, S. 29 f., 121; Vollrath 1978):

1. Wörter, die in der Fach-, nicht aber in der Alltagssprache vorkommen: z. B. Stammbruch, differenzierbar, addieren.
2. Wörter, die in der Alltagssprache mit gleicher oder ähnlicher Bedeutung vorkommen. Dabei kann zwischen Wörtern unterschieden werden, deren Bedeutung im Register der Alltagssprache umfassender ist als in der Fachsprache (Beispiel: „Ähnlichkeit" bezieht sich als mathematischer Begriff ausschließlich auf formgleiche Figuren), und solchen, deren Bedeutung in der Alltagssprache spezieller ist (Beispiel: „Länge" und „Breite" bezeichnen im Alltag unterschiedliche Seiten einer Figur, wohingegen in der Mathematik auch die Breite eine Länge ist).
3. Wörter, die in der Alltags- und der Fachsprache vorkommen, dabei jedoch mit gänzlich unterschiedlichen Bedeutungen versehen sind: z. B. Produkt, Wurzel.

Wie die Auflistung zeigt, umfassen mathematische Fachwörter nicht nur Substantive, sondern auch Adjektive und Verben. Ihre Bedeutung wird unabhängig von der Wortart in Definitionen festgelegt. Dabei sind Wörter nicht immer mit genau einer Bedeutung versehen; es gibt Wörter, die mehrere Bedeutungen haben. Man spricht von Polysemien. Solche Polysemien können zwischen Alltags- und Fachsprache vorliegen, z. B. Wurzel, aber auch innerhalb der Fachsprache selbst, sodass kontextspezifische Interpretationen

2.4 Disziplinär geordnet: Die Sprache der Mathematik

erforderlich sind: Das Wort „Winkel" kann je nach mathematischem Kontext etwa als System von zwei Halbgeraden, als Flächenstück im Sinne eines Winkelfeldes und als ein Drehmaß verstanden und genutzt werden (Maier und Schweiger 1999, S. 43, 97).

Die mathematische Fachsprache enthält zudem eine Vielzahl von Symbolen, die als spezielle Lexeme ebenfalls der Wortebene zugeordnet werden können. Viele dieser Symbole sind mit Fachwörtern verbunden und können mit ihnen bezeichnet und verbalisiert werden. Dabei werden jene Symbole, die eine feststehende Bedeutung besitzen, als Konstanten bezeichnet (s. Tab. 2.2; Maier und Schweiger 1999, S. 39 f.).

Symbole können aber nicht nur als Konstanten, sondern auch als Variablen zum Einsatz kommen. Dann besitzen sie keine feste Referenz (zu den verschiedenen Variablenaspekten Malle 1993, S. 44–46). Viele Konstanten und Variablen, auch realisiert in Termen oder Gleichungen, heben eher algebraische, nicht räumliche Eigenschaften hervor. Gleichwohl können auch geometrische Zeichnungen, wie z. B. die Zeichnung eines Kreises oder einer Achsenspiegelung, ebenfalls als Symbole verstanden werden, die für mathematische Objekte, Relationen oder Prozesse stehen. Die Funktionen fachsprachlicher Symbole können je nach Nutzungskontext sehr unterschiedlich sein. Algebraische Symbole helfen zu verkürzen, zu präzisieren oder zu verallgemeinern. Man denke etwa an das Multiplikationszeichen, welches die fortgesetzte Addition gleicher Summanden in allgemeiner oder auch konkreter Form zusammenzufassen hilft. Auf diese Weise dient ein Symbol auch dazu, eine kognitive Entlastung herbeizuführen. Der mehrschrittige Prozess der fortgesetzten Addition wird mit einem einzigen Zeichen festgehalten und kann in dieser Form als Gesamtheit Gegenstand weiterer Überlegungen sein. Geometrische Symbole hingegen, wie etwa gezeichnete Kreise oder Rechtecke, dienen vor allem der Visualisierung und explizieren die betreffenden Strukturen. Auch durch sie wird eine kognitive Entlastung ermöglicht, wenn sie nämlich Überlegungen zu mathematischen Sachverhalten zeigen und so als „greifbare" Grundlage für Diskussionen und neue Ideen fungieren.

Tab. 2.2 Beispiele für Konstanten und ihre Verbalisierung. (Vgl. Maier und Schweiger 1999, S. 39 f.)

Symbol	Verbalisierung
3	Drei
$\frac{3}{4}$	Drei Viertel
π	Pi
$\mathbb{Q}$	Menge der rationalen Zahlen
+	Plus
$\sum$	Summe
$\emptyset$	Leere Menge
$\in$	Ist Element von
$\vee$	Oder
$\int$	Integral
<	Kleiner
$\neg$	Nicht

Satzebene: Im fachlichen Austausch werden Wörter der Alltagssprache, aber eben auch definierte Fachwörter und mathematische Symbole (oder deren Verbalisierungen) nach etablierten Regeln zusammengesetzt. Es entstehen Terme (z. B. $3x + 5$), Gleichungen (z. B. $3x + 5 = x^2 + 1$) und Sätze (z. B. „Wenn die Quersumme einer natürlichen Zahl durch drei teilbar ist, dann ist die Zahl selbst durch drei teilbar."). Erst die sprachliche Ebene der Sätze erlaubt es, nicht nur einzelne mathematische Objekte, Prozesse oder Eigenschaften zu bezeichnen, sondern sich über Zusammenhänge zwischen ihnen zu äußern. Begriffe können inhaltlich zueinander in Beziehung gesetzt oder voneinander abgegrenzt werden. So kann in Satzform dargelegt werden, was ein Rechteck und ein Parallelogramm gemeinsam haben und was sie unterscheidet. Es entsteht ein Netz mathematischer Begriffe. Auf dieser Ebene sind auch die bereits erwähnten Definitionen, die für den mathematischen Sprachgebrauch charakteristisch sind, zu verorten. Sie vermögen, Wörtern eine Bedeutung zuzusprechen und somit die Fachwörter in ihrem mathematischen Gehalt zu initiieren. Man könnte sagen, dass Wörter erst durch ihre definitorische Festlegung auf der Satzebene zu mathematischen Begriffen und damit zu möglichen Hilfsmitteln des mathematischen Arbeitens werden. Nachfolgend ein Beispiel für eine Definition:

$\bar{x}$ heißt arithmetisches Mittel der für ein quantitatives Merkmal gegebenen Daten $a_1, \ldots, a_n$:⇔
$\bar{x}$ ist der Quotient von Summe und Anzahl der Daten [in Zeichen: $\bar{x} = \frac{a_1 + \ldots + a_n}{n}$].

Die Struktur einer Definition zeichnet sich dadurch aus, dass ein Wort mit einem (definitorischen) Urteil verbunden wird. Die Verbindung ist durch das Symbol „:⇔" (gelesen als: „definitionsgemäß genau dann ..., wenn ...") gegeben. Bei der Betrachtung des definitorischen Urteils wird deutlich, dass zur Klärung des neuen Fachwortes bereits bekannte Fachbegriffe verwendet werden, z. B. Quotient und Summe. So bauen mathematische Fachbegriffe teilweise aufeinander auf und bedingen sich dann im Lernprozess gegenseitig. Anders formuliert: Wer nicht weiß, was ein Quotient oder eine Summe ist, wird den Gegenstand des arithmetischen Mittels inhaltlich kaum erfassen können.

Wie das Beispiel zeigt, weist eine Definition in sprachlicher Hinsicht nicht nur dem Wortpaar „arithmetisches Mittel" eine feste Bedeutung zu, sondern auch dem Symbol „$\bar{x}$". Das Symbol und seine Verbalisierung werden hinsichtlich ihrer Bedeutung expliziert und damit zu einer Sinneinheit verbunden. Es ist dasselbe gemeint, wenn wir „arithmetisches Mittel" sagen oder schreiben oder das Symbol „$\bar{x}$" notieren. Grammatikalisch werden Definitionen in einer für die Mathematik zentralen Satzstruktur realisiert: Es gibt eine Bedingung (Prämisse), die in einem konditionalen Nebensatz beschrieben wird, und eine sich daraus ergebende Folge (Konklusion), die im Hauptsatz expliziert wird. Solche Wenn-dann-Sätze verbinden inhaltlich eine Bedingung mit ihrer logischen Folge (hierzu ausführlich Meyer 2015). Das Herstellen derartiger Zusammenhänge ist bereits im Mathematikunterricht zentral. So können z. B. in der Grundschule bei Entdeckerpäckchen im Sinne des operativen Prinzips Veränderungen und sich daraus ergebende Wirkungen ebenfalls in Wenn-dann-Sätzen beschrieben werden: „Wenn der erste Summand um 2 erhöht

2.4 Disziplinär geordnet: Die Sprache der Mathematik

wird und der zweite Summand um 2 erniedrigt wird, bleibt die Summe gleich" (Wittmann und Müller 1990; dazu auch Tiedemann 2015b).

Textebene: Eine inhaltlich ähnliche Struktur wie bei den Definitionen finden wir bei mathematischen Sätzen[3], in denen zwei mathematisch-inhaltliche Urteile durch eine (bi)konditionale Konjunktion verbunden werden, und ihren Beweisen. Ein Blick in die Hochschulmathematik verdeutlicht ein Charakteristikum mathematischer Fachsprache. Betrachten wir hierzu zwei mathematische Sätze (Abb. 2.1).

Beide Sätze in Abb. 2.1 zeigen ein relativ typisches Bild mathematischer Sätze: Relativ zu Beginn wird ein bestimmter Bereich geklärt, auf dem (bzw. für den) die folgende Implikation gelten soll. Auf diesem Bereich wird dann eine Struktur benannt, die bestimmte Eigenschaften hat. Dann folgt die Implikation als eigentliche Aussage des mathematischen Satzes. Die Darstellung zeichnet sich jeweils durch konsequente Nutzung zuvor definierter Symbole und (womöglich auch polysemantischer) Wörter aus, um den Text prägnant zu halten.

Die kurze Analyse zeigt, dass mathematische Sätze eine Grammatik aufweisen, die über die bekannte Grammatik der Alltagssprache hinausgeht. Solche Sätze zu erfassen bedeutet dann auch, die Grammatik der Fachsprache zu kennen.

Mit Wörtern und Sätzen werden mathematische Behauptungen in Beweisen bzw. Begründungen belegt und damit in die deduktive Struktur des mathematischen (Gedanken-)

10.5.6 Scharfes Maximum- und Minimumprinzip Sei $\bar{B}$ eine kompakte Scheibe in der *armen* Fläche X. Mit $\mathcal{H}(X \setminus B)$ wird der $\mathbb{R}$-Vektorraum aller auf $X \setminus B$ stetigen und in $X \setminus \bar{B}$ harmonischen Funktionen bezeichnet.

Scharfes Maximumprinzip *Jede nach oben beschränkte Funktion $u \in \mathcal{H}(X \setminus B)$ nimmt ihr Maximum auf ∂B an.*

Proposition 5.2 *Let $v_{m,k}$ with $(m,k) \in R \rtimes R^\times$ be the semigroup of isometries in $C(\Omega_{\hat{R}}) \rtimes R \rtimes R^\times$ implementing the action of $R \rtimes R^\times$. For each ideal I in R let E_I be the characteristic function of the set $\{\omega_{s,b} \in \Omega_{\hat{R}} | b \geq I, s(b) \in I\}$. Then the maps $u^x \mapsto v_{x,1}$, $s_k \mapsto v_{0,k}$, and $e_I \mapsto E_I$ extend to an isomorphism of $\mathfrak{T}[R]$ onto $C(\Omega_{\hat{R}}) \rtimes R \rtimes R^\times$.*

Abb. 2.1 Zwei Sätze aus der Hochschulmathematik. (*Oben* Lamotke 2009, S. 207; *unten* Cuntz et al. 2013, S. 1397 f.)

---

[3] Um den Unterschied zu „Sätzen" im linguistischen Sinn zu markieren, wird ab hier immer von „mathematischen Sätzen" gesprochen, die zumeist auch in einem einzigen Satz dargestellt werden können, dies jedoch häufig nicht werden. Entsprechend ordnen wir sie hier der Textebene zu.

Gebäudes eingeordnet. Beweise zeichnen sich inhaltlich dadurch aus, dass man ausgehend von als gültig gesetzten Prämissen logisch korrekte Folgerungen vornimmt, um den Wahrheitsgehalt von der Prämisse auf die noch fragliche Behauptung zu übertragen. Sprachlich werden Beweise in Form eines Textes realisiert. Es werden Sätze aus Wörtern und Symbolen gebildet und zu einem Text zusammengefügt. Ein mathematischer Satz bzw. der zugrunde liegende Beweis wird nicht dann als gültig angenommen, wenn möglichst viele Personen ihm zustimmen, sondern wenn jene, die als mathematische Experten gelten, seinen Beweis als überzeugend ansehen (Hersh 1993, S. 389). Dieser Prozess der Gültigkeitsaushandlung kann Uneinigkeit zwischen mathematischen Experten mit sich bringen, betont aber stets die Bedeutung des Beweisens. Überzeugt der Beweis oder nicht?

Als Beispiel für einen Beweis sei die Umkehrung des (mathematischen) „Satzes des Pythagoras", welche in vielfältigen Anwendungssituationen nützlich ist, betrachtet:

> Im Dreieck $\triangle ABC$ gelte $c^2 = a^2 + b^2$. Sei $\triangle A'B'C'$ ein beliebiges rechtwinkliges Dreieck, für das gilt: $|A'C'| = b$ und $|B'C'| = a$. In diesem Dreieck gilt der Satz des Pythagoras: $|A'B'|^2 = |A'C'|^2 + |B'C'|^2 = a^2 + b^2$. Wegen $c^2 = a^2 + b^2$ ist $c^2 = |A'B'|^2$, also $c = |A'B'|$. Damit stimmen die Dreiecke $\triangle ABC$ und $\triangle A'B'C'$ in allen drei Seiten überein und sind kongruent. Damit muss $\triangle ABC$ aber rechtwinklig sein.

In diesem Beweis werden gemachte Annahmen dargelegt („gelte", „sei"), es werden daraus abgeleitete Folgerungen beschrieben und begründet („In diesem Dreieck gilt", „Wegen ... ist ...", „Damit stimmen ...") und schließlich die zentrale Konklusion expliziert: „Damit muss $\triangle ABC$ aber rechtwinklig sein." Sofern die einzelnen Schlüsse akzeptiert werden (dies ist insbesondere deswegen fraglich, weil nicht alle verwendeten Regeln bzw. Sätze, welche die einzelnen Schritte legitimieren, explizit dargestellt sind), kann die gesamte deduktiv entwickelte Kette als gültig angenommen und der mathematische Satz, hier die Umkehrung des Satzes des Pythagoras, als bewiesen eingeschätzt werden. Aus sprachlicher Sicht wird deutlich, dass der Text eines Beweises im Wesentlichen in Form von Wenn-dann-Sätzen realisiert wird. Es werden bestimmte Annahmen getroffen, die sich je nach Typ des Beweises unterscheiden können (man denke zum Beispiel an die aussagenlogische Unterscheidung zwischen Widerspruchsbeweis, Fallunterscheidung, direktem Beweis und Kontraposition). Auf diesem Fundament von Annahmen wird im Folgenden der Beweis immer mit einer wiederkehrenden Struktur durchgeführt: Wenn diese oder jene Annahme gilt oder mehrere genau benannte Annahmen gelten, dann kann daraus dieses oder jenes gefolgert werden. Wenn diese Folgerung gilt, kann daraus wiederum dieses oder jenes gefolgert werden usw. In dieser deduktiven Ordnung strebt ein jeder Beweis seinem finalen Ziel entgegen: der Folgerung des zu beweisenden mathematischen Satzes.

In der Betrachtung des obigen Beispiels zum Satz des Pythagoras wird gleichsam deutlich, dass die mathematische Fachsprache sich, wie andere Fachsprachen auch, sowohl auf Satz- als auch auf Textebene, durch Knappheit und Prägnanz auszeichnet. Sätze werden zu Satzteilen verkürzt („Wegen ...") und in mathematischen Symbolen komprimiert („..., also $c = |A'B'|$"). Ein solcher Sprachgebrauch ist zumeist mit dem Ziel verbunden, das fachlich Notwendige vollständig und präzise darzustellen (Roelcke 2010, S. 25 f., 69; Maier und Schweiger 1999, S. 61 ff.). Ausschmückungen, Wiederholungen oder Ungenauigkeiten hinsichtlich darzustellender Zusammenhänge werden vermieden, sodass die Urteile und ihre Verknüpfungen in den Vordergrund geraten.

2.5 Unterrichtsfachsprache: Die Normierung von Fachsprache im Unterricht

Die dargestellten Merkmale mathematischer Fachsprache beschreiben ein fachlich gebundenes Register, welches bestimmte kommunikative Zwecke, etwa die vollständige und exakte Darstellung fachlicher Zusammenhänge, für die wissenschaftliche Disziplin Mathematik besonders gut erfüllt.[4] Gleichwohl ist aus der Liste der Merkmale mathematischer Fachsprache nicht abzuleiten, dass jeder mathematikbezogene Sprachgebrauch auch tatsächlich jene Merkmale aufweist. So weist Gogolin (2009, S. 270 f.) darauf hin, dass die Bildungssprache ein Register sei, das vom erfolgreichen Schüler zwar erwartet werde, aber nicht notwendigerweise in der alltäglichen Unterrichtskommunikation gebräuchlich sei. So können wir uns vorstellen, dass über Mathematik auch in kurzen, unvollständigen, vielleicht auch grammatikalisch fehlerhaften Sätzen gesprochen wird, Wörter ungenau verwendet werden und die Sprechenden auf etwas zeigen, um sich rasch und reibungslos verständlich zu machen. Es lässt sich also feststellen, dass zum Austausch über Mathematik nicht notwendigerweise eine konzeptionell schriftliche Sprache (Bildungssprache, Fachsprache) verwendet wird, sondern ein konzeptionell mündlicher Sprachgebrauch (Alltagssprache) ebenso denkbar ist. Der Physikdidaktiker Wagenschein (1988, S. 137) fordert gar, Erarbeitungsprozesse ganz gezielt im Register der Alltagssprache zu gestalten. Denn die Alltagssprache oder die Muttersprache, wie Wagenschein sie nennt, sei die Sprache des Suchens, des Entdeckens und Verstehens, während die Fachsprache „mit ihrer sterilen Sprechweise" ausschließlich für schon Verstandenes eine adäquate Ausdrucksmöglichkeit sei (Wagenschein 1988, S. 139). Ein Mathematikunterricht in Wagenscheins Sinne zeichnet sich somit in bedeutenden Phasen gerade durch die Verwendung der Alltagssprache aus. Betrachten wir hierzu erneut das Beispiel von Eva (s. Abschn. 1.2). In der Situation der kognitiven Belastung scheint es der Schülerin schwer zu fallen, ihre Gedanken strukturiert und präzise zu formulieren. Sie nutzt teilweise Fachwörter, vermag sie aber kaum in geordneten Sätzen zu einem gut verständlichen (mündlich vorgetragenen) Text zu verbinden. Mit Blick auf dieses Beispiel können wir die Forderung von Wagenschein auch anders formulieren: In Situationen kognitiver Belastung sind fachsprachliche Formulierungen von Lernenden kaum zu erwarten. Vielmehr sollte (und muss vielleicht auch) an der Front des individuellen kognitiven Horizontes zur Ent-

---

[4] Dieser Abschnitt orientiert sich wesentlich an Tiedemann (2015a).

lastung auf bekannte Sprachmittel zurückgegriffen werden, ganz gleich welchem Register diese angehören.[5]

Wird alltäglich stattfindender Mathematikunterricht in den Blick genommen, ist im Konkreten also mit sprachlicher Vielfalt zu rechnen: Lernende wie Lehrende nutzen mal eine konzeptionell schriftliche, mal eine konzeptionell mündliche Sprache. Sie nutzen allgemein bildungssprachliche, spezifisch fachsprachliche, aber ebenso auch alltagssprachliche Elemente, um über Mathematik zu sprechen und zu schreiben. Entsprechend werden sprachliche Elemente verwendet, die typisch für die fächerübergreifend bestimmte Bildungssprache sind, aber auch solche Elemente, die speziell für die mathematische Fachsprache von Bedeutung sind. Um diese Sprachenvielfalt im Mathematikunterricht zu analysieren und auf dieser Grundlage für didaktische Analyse- und Planungsprozesse zugänglich zu machen, schlägt Tiedemann (2015a, S. 43) den Begriff der Unterrichtsfachsprache vor. Damit wird neben den Registern der Alltags-, Bildungs- und Fachsprache (s. Abschn. 2.1 und 2.2) kein weiteres Register bezeichnet, sondern die im Unterricht tatsächlich verwendete Mischung der bereits beschriebenen Sprachregister. Für die Unterrichtsfachsprache zeigt Tiedemann (2015a), dass diese in unterschiedlichen Lerngruppen ganz unterschiedlich ausgestaltet wird. So übernehmen Lerngruppen nicht einfach die Sprache, die außerhalb des Unterrichts als besonders günstig für einen mathematischen Austausch erachtet wird, sondern finden ihre je eigene Variante der mathematischen Fachsprache, um über Mathematik zu sprechen und zu schreiben: die Unterrichtsfachsprache. Lernende und Lehrende handeln situativ verbindliche Regeln für ihren fachlichen Sprachgebrauch aus und legen damit fest, welche Sprache innerhalb ihrer Gruppe aktuell als angemessen erachtet wird, um sich über das mathematische Unterrichtsthema auszutauschen, sogenannte Normen (Tiedemann 2015a, S. 44).

Wenn es darum geht, die Normierung von mathematischer Unterrichtsfachsprache zu untersuchen, bietet Sfard (2008) zwei hilfreiche Unterscheidungen an: Es geht erstens um die Unterscheidung zwischen Regeln und Normen und damit um die Frage, was eine Regel zur Norm macht, und zweitens um die Unterscheidung unterschiedlicher Regel- oder Normtypen.

Normen als besondere Regeln: Menschliche Interaktionen zeichnen sich durch Regelmäßigkeiten aus. Wenn uns z. B. jemand begrüßt, reagieren wir zumeist ebenfalls mit einem Gruß. Wenn wir um etwas gebeten werden, entsprechen wir dieser Bitte oder erklären, warum wir ihr nicht nachkommen können. Derartige Regelmäßigkeiten lassen sich als Höflichkeitsregeln formulieren. Wir orientieren uns mehr oder weniger bewusst an ihnen, um uns unserem Gegenüber als aufmerksam und rücksichtsvoll, eben als höflich zu zeigen (Sifianou 1992). Auch der fachbezogene soziale Austausch wird durch Regeln orientiert. Nach Sfard (2008, S. 204 f.) muss eine Regel zwei Bedingungen erfüllen, um eine Norm zu sein. Sie muss erstens innerhalb der jeweiligen sozialen Gruppe weithin

---

[5] In Kap. 5 wird sich zeigen, dass dem Aspekt der „Sprache unter kognitiver Belastung" auch im Zuge der Mehrsprachigkeit eine bedeutende Rolle zukommt.

2.5 Unterrichtsfachsprache: Die Normierung von Fachsprache im Unterricht

bekannt sein und zweitens von nahezu jedem Mitglied der Gruppe befürwortet werden. Im Unterricht kann die erste Bedingung als erfüllt betrachtet werden, wenn eine Regel in einer Situation ausgehandelt wird, in der nahezu alle Lernenden zuhören. Man denke etwa an eine Szene, in der die Lehrerin an der Tafel mit einem einzelnen Schüler spricht, während alle anderen dieses Gespräch von ihren Plätzen aus verfolgen. Sehr viel schwieriger ist es, zu entscheiden, ob auch die zweite Bedingung erfüllt ist. So kann zumeist nicht ausgemacht werden, ob tatsächlich alle Schüler eine etablierte Regel befürworten. Sfard (2008, S. 204 f.) betont in dieser Hinsicht, dass es nicht relevant sei, ob wirklich alle Mitglieder der betreffenden Gruppe die fragliche Regel gutheißen. Vielmehr müsse eine Norm vor allem von jenen befürwortet werden, die innerhalb der Gruppe als Experten erachtet werden. Damit ist zuallererst die Lehrperson im Fokus (dazu auch Voigt 1994). Wenn sie eine Regel befürwortet und deren Befolgung in der Interaktion einfordert, kann die zweite Bedingung als erfüllt betrachtet werden. Die Gemeinsamkeit von Regeln und Normen ist also, dass sie eine Interaktion zu beobachtbaren Regelmäßigkeiten führen. Sie unterscheiden sich jedoch in ihrer Verbindlichkeit. Anders als eine Regel ist eine Norm im Unterricht insbesondere durch das Gutheißen der Lehrperson mit einem hohen Maß an Verbindlichkeit versehen. So führt die Verletzung einer Norm denn auch zu spontanen Korrekturversuchen (Sfard 2008, S. 204).

Für die Frage des Sprachgebrauchs im Mathematikunterricht sind aus mathematikdidaktischer Perspektive vor allem die Normen von Interesse, da bei ihnen mit besonderem Nachdruck eingefordert wird, dass die Schüler sich an ihnen orientieren. So sind Normen für den Gebrauch der Unterrichtsfachsprache immer auch Chancen oder Risiken für die intendierten fachlichen Lernprozesse. Mit der Festlegung auf unterrichtsfachsprachliche Normen werden Zugänge zu mathematischen Inhalten eröffnet oder verstellt. Schmölzer-Eibinger (2013) weist fächerübergreifend darauf hin, dass sprachliche Normen die Spielräume der individuellen Wissenskonstruktion bestimmen: „Über die Festsetzung von sprachlichen Normen und Standards wird der Zugang zu Wissen und damit die Verteilung von Chancen auf Schulerfolg bestimmt" (Schmölzer-Eibinger 2013, S. 26). Dieser Zusammenhang begründet das mathematikdidaktische Interesse an Normen für den Gebrauch der mathematischen Unterrichtsfachsprache.

Unterschiedliche Regeln: Sfard (2008) sortiert Regeln und Normen im Mathematikunterricht in zwei verschiedene Kategorien ein. Sie benennt einerseits die „object-level rules" (Sfard 2008, S. 201), die die inhaltliche Ebene eines Gespräches orientieren, und andererseits die „meta-discursive rules" (Sfard 2008, S. 201), die Orientierung bei der Frage geben, was wann wie getan werden soll. Als Beispiel für eine inhaltsorientierte Regel nennt Sfard Folgendes: Um a durch b zu teilen, musst du die Zahl c finden, sodass $b \times c = a$. Es ist gut vorstellbar, dass sich ein Schüler im Zusammenhang mit der Division an dieser Regel orientiert. Bei den metadiskursiven Regeln geht es nicht länger um die inhaltliche Seite einer sprachlichen Äußerung, sondern um deren situationsangemessene Einpassung in den Verlauf eines Unterrichtsgesprächs.

Als Beispiele für metadiskursive Regeln nennt Sfard (2008, S. 166) u. a. soziale und (sozio-)mathematische Normen. Beide Typen von Normen wurden zumindest auch im Mathematikunterricht untersucht. Soziale Normen sind nicht fachspezifisch, sondern können für beliebige Inhaltsbereiche und Fächer bedeutungsvoll sein (Yackel et al. 1991). Eine soziale Norm kann z. B. sein, dass Lernende sich bei einer Gruppenaufgabe gleichermaßen an der Arbeit beteiligen sollen (Yackel et al. 1991, S. 398). Bei sozialen Normen handelt es sich um solche verbindlichen Regeln, die sich auf das allgemeine soziale Miteinander im Unterricht beziehen.

Soziomathematische Normen hingegen sind fachspezifisch. Voigt (1994, S. 105) spricht von mathematischen Normen und versteht darunter Wertekriterien für mathematische Aktivitäten im Unterricht. Solche Normen seien im sozialen Geschehen des Unterrichts keine definitiven Regeln, sondern zumeist implizit orientierend (Voigt 1994, S. 107). Eine mathematische Norm kann z. B. festlegen, was im Mathematikunterricht als eine elegante mathematische Erklärung oder als ein geschickter Lösungsweg gilt (Voigt 1994, S. 105). Derartige Kriterien werden nach Voigt im Unterricht ausgehandelt und sind weder allein auf die Erwartungen der Lehrperson noch auf die individuellen Zielsetzungen der Lernenden zu reduzieren. Voigt (1994, S. 106) gibt zwar zu bedenken, dass Lernende die Lehrperson im Allgemeinen als eine kundige Repräsentantin der mathematischen Kultur erachten und bei ihren eigenen Äußerungen daher gewöhnlich die von ihnen vermuteten Erwartungen der Lehrperson berücksichtigen. Allerdings betont er, dass mathematische Normen keine Zwänge seien. Die Lehrperson hat zwar die Möglichkeit, durch ihre Bewertungen ihre Ansprüche anzuzeigen, allerdings bleibt es den Lernenden überlassen, ob sie ihr (Sprach-)Handeln im Folgenden daran orientieren. Als Normen gelten für Voigt (1994, S. 105) schließlich nur jene Regeln, die von beiden Seiten als gültig angezeigt werden. Yackel und Cobb (1996) rekonstruieren ebenfalls mathematische Normen in Voigts Sinne, bezeichnen sie allerdings als soziomathematische Normen, wodurch betont wird, dass die gemeinten Wertkriterien für mathematische Aktivitäten sozial konstituiert sind. Damit, und das heben die Autoren deutlich hervor, bleibt die Ausgestaltung der Normen jederzeit an die spezifischen Akteure in der aktuellen Situation gebunden: „… what becomes mathematically normative in a classroom is constrained by the current goals, beliefs, suppositions, and assumptions of the classroom participants" (Yackel und Cobb 1996, S. 460).

Unterrichtsfachsprachliche Normen sind von den genannten sozialen und (sozio-)mathematischen Normen zu unterscheiden, da soziale Normen für jeglichen Schulunterricht gültig sein können und (sozio-)mathematische Normen in einem ausschließlich mathematisch-fachlichen Kontext zu beschreiben sind, wohingegen die Rekonstruktion von unterrichtsfachsprachlichen Normen notwendigerweise die Integration einer mathematischen und einer linguistischen Perspektive erfordert. Gleichwohl wird deutlich, dass die drei benannten Arten von Normen zwar analytisch zu trennen, im Konkreten des Unterrichts aber stets miteinander verwoben sind. Lernende realisieren im sozialen Geschehen des Unterrichts das Treiben von Mathematik, indem sie sprachlich handeln. Dabei bilden soziale, (sozio-)mathematische und unterrichtsfachsprachliche Normen gemeinsam den situativen Anforderungsraum, in dem Schüler Mathematik lernen.

Für den Gebrauch von Unterrichtsfachsprache unterscheidet Tiedemann (2015a) zwei Typen von Normen: grammatische und pragmatische Normen. Beide Typen werden nachfolgend beschrieben und jeweils anhand eines kurzen Beispiels aus dem Unterrichtsalltag illustriert.

Grammatische Normen: Grammatische Normen regeln, wie die Struktur einer sprachlichen Äußerung im Mathematikunterricht beschaffen sein sollte. So kann es im Mathematikunterricht der Grundschule z. B. als eine Norm etabliert werden, bei der Beschreibung von Entdeckerpäckchen immer zuerst den ersten Summanden („Der erste Summand wird immer um 2 größer") und dann den zweiten („Der zweite Summand wird immer um 2 kleiner") zu beschreiben. Weitere Beispiele für grammatische Normen in diesem Kontext wären Regeln, die vorgeben, wie Aussagen über Zusammenhänge in Entdeckerpäckchen auf Satzebene strukturiert sein sollen (z. B. „Wenn man die erste Zahl um 1 erhöht, dann ..."). Mit grammatischen Normen wird es zur verbindlichen Regel erhoben, über mathematische Inhalte in festgelegten sprachlichen Strukturen zu sprechen. Obgleich diese Regeln auf sprachliche Strukturen fokussieren, können sie das mathematische Lernen beeinflussen. Für die Formulierung eines korrekten Wenn-dann-Satzes etwa kommt es nicht nur darauf an, sprachlich korrekte Neben- und Hauptsätze zu formulieren, sondern auch richtig zu entscheiden, was als Prämisse und was als Konklusion zu beschreiben ist. Somit wird augenfällig: Auch wenn die Auseinandersetzung mit Sprache im Mathematikunterricht zunächst „fachfremd" erscheinen mag, so ist sie doch nie vom inhaltlichen Arbeiten zu trennen. Wer in einer Gruppe Mathematik treibt, bedient sich der Sprache, um sich anderen mitzuteilen, und gestaltet auf diese Weise sprachlich Mathematik.

Die nachfolgende Beispielszene zeigt, wie eine solche grammatische Norm im Unterricht ausgehandelt wird. Sie stammt aus einer Unterrichtseinheit zum Thema „Orientierung an der Hundertertafel" in einer zweiten Jahrgangsstufe. Die Lehrerin, Frau Pohl, behandelt Zahlenrätsel. Das Stellen und Lösen solcher Zahlenrätsel ist interaktional auf folgende Weise strukturiert: Frau Pohl beschreibt die Position einer Zahl auf der Hundertertafel, indem sie die jeweilige Zeile und Spalte angibt. Ihre Formulierung entspricht dabei stets dem folgenden Muster: „Die Zahl steht in der 7. Zeile und in der 5. Spalte." Anschließend wird ein Schüler aufgerufen, der seine Lösung nennen darf. Im nächsten Schritt evaluiert Frau Pohl die Antwort des Schülers und damit auch die gesamte Sequenz aus gestelltem Zahlenrätsel und gegebener Antwort. Fällt die Evaluation positiv aus, stellt Frau Pohl ein neues Zahlenrätsel. Fällt die Evaluation hingegen negativ aus, wird die Szene so lange fortgesetzt, bis ein Schüler die richtige Lösung nennt und Frau Pohl diese als solche evaluiert. Die Szene setzt nun ein, als sich die interaktionale Organisation des Lehrer-Schüler-Gesprächs verändert. Es wird Ozan aufgerufen, der als erster Schüler ein eigenes Zahlenrätsel formulieren darf.

137 Ozan	die Zahl steht in der 4. Spalte und … in der 3. Zei-
138 Lehrerin	nein. erst die Zeile.
139 Ozan	äh- .. die Zahl steht in der 3. Zeile und in der 4. Spalte.
140 Lehrerin	okay. nimm ein Kind dran Ozan.

Wenn angenommen wird, dass Ozan seine Äußerung mit dem Wort „Zeile" schließen würde (Zeile 137), ist festzustellen, dass er ein inhaltlich wie sprachlich korrektes Zahlenrätsel entwickelt. Er beschreibt die Position der 24 auf der Hundertertafel, indem er die passende Spalte und Zeile angibt. Auch sprachlich ist seine Äußerung richtig. Er nutzt als Platzhalter für die gesuchte Zahl wie Frau Pohl zuvor auch das Wort „Zahl" mit dem zugehörigen Artikel, flektiert das Verb „stehen" korrekt und gibt dann unter Nutzung ordinaler Zahlwörter die Spalte und Zeile der gesuchten Zahl an. Obgleich aus einer Außenperspektive also keine Korrektur der Äußerung notwendig ist, interveniert Frau Pohl: „nein" (Zeile 138). Sie besteht darauf, dass zuerst die Zeile genannt wird. Damit fordert sie die Befolgung einer unterrichtsfachsprachlichen Norm ein, die idiosynkratisch in dieser Lerngruppe etabliert wurde und auf die Struktur der Äußerung fokussiert. Denn durch die vertauschte Nennung von Zeile und Spalte ändert sich das Zahlenrätsel inhaltlich nicht. Als Ozan nach kurzem Zögern sein Zahlenrätsel in überarbeiteter Fassung formuliert, beschreibt er erneut die 24, nennt nun allerdings wie gefordert zunächst die Zeile und dann die Spalte (Zeile 139). Diese zweite Version evaluiert Frau Pohl als richtig („okay", Zeile 140) und fordert Ozan auf, ein Kind aufzurufen, welches das Zahlenrätsel lösen darf (Zeile 140). Damit wird deutlich, dass Ozan nicht gegen eine soziomathematische Norm verstoßen hat, sondern gegen eine unterrichtsfachsprachliche Norm, die in dieser Lerngruppe für das Beschreiben von Positionen auf der Hundertertafel entwickelt wurde. Man könnte formulieren, dass eine eigene Grammatik für Zahlenrätsel entwickelt wurde, die Ozan in seinem ersten Versuch nicht beachtet.

Wer Sprache grammatisch betrachtet, sieht sie nach Helbig (2001, S. 175) als ein in sich strukturiertes Gebilde. So wird Grammatik als die Lehre von den Regeln des Sprachbaus verstanden. Es wird zwischen der Laut-, der Wort-, der Satz- und der Textebene unterschieden. Auf allen Ebenen stehen mit der Grammatik die Struktur sprachlicher Äußerungen und die damit verbundenen Regelhaftigkeiten im Fokus. Dabei bleibt die inhaltliche Seite einer sprachlichen Äußerung traditionell ausgeklammert. Auch, „grünes Gras wächst im Kreis", wäre ein grammatisch korrekter Satz. Gleichwohl hat die jüngere Sprachwissenschaft einen erweiterten Grammatikbegriff entwickelt, der Fragen der Semantik oder der Pragmatik nicht ausschließt (Helbig 2001, S. 175; auch Linke et al. 2004, S. 56 f.). Vielmehr sei Grammatik alles, was sich kontextfrei, d. h. ohne Bezug zu konkreten Verwendungsweisen in einer Situation, über sprachliche Äußerungen sagen lasse. Der Vorteil eines solchen erweiterten Grammatikbegriffs besteht für fachdidaktische Zusammenhänge darin, dass er es erlaubt, die Struktur einer sprachlichen Äußerung zu fachlichen Fragen in Beziehung zu setzen. Ozan und Frau Pohl etablieren in der kurzen Szene gemeinsam eine unterrichtsfachsprachliche Norm, gemäß der, bei der Formulierung eines Zahlenrätsels an der Hundertertafel, zunächst die Zeile und erst dann die Spal-

2.5 Unterrichtsfachsprache: Die Normierung von Fachsprache im Unterricht

te zu nennen ist. Mit einem traditionellen Grammatikbegriff, der ausschließlich auf die Struktur der Sprache fokussiert, wäre der betrachtete Aushandlungsprozess in keiner mathematikdidaktisch relevanten Weise zu fassen. Erst wenn man inhaltliche Aspekte in die Strukturbetrachtung integriert, wird fassbar, dass Ozan und Frau Pohl eine Norm etablieren, die für fachliche Lernprozesse relevant werden kann. So wird mit der Festlegung, stets zuerst die Zeile zu nennen, aus mathematischer Sicht vorgegeben, dass zunächst jene Angabe gemacht werden soll, die eine Abschätzung der Größenordnung ermöglicht. Mit der Zeile wird der Zehner festgelegt (abgesehen jeweils von der zehnten Zahl in einer Zeile, die der nächsthöhere Zehner ist), mit der Spalte der Einer. Wird also zunächst die Zeile genannt, können Lernende bereits vor der Nennung der Spalte abschätzen, wie groß die gesuchte Zahl ungefähr ist.

Pragmatische Normen: Die Pragmatik zielt darauf ab, die Sprache nicht in ihren Strukturen, die unabhängig von konkreten Gebrauchssituationen beschrieben werden können, zu untersuchen, sondern sie gerade in ihrer situativen Verwendung als Kommunikationsmittel zu betrachten. Im Mathematikunterricht gebrauchen wir Sprache, um anderen etwas mitzuteilen, um sie zu überzeugen oder um für uns selbst etwas zu klären. Der Sprachgebrauch ist also jeweils an eine Intention des Sprechenden oder Schreibenden gebunden und hat (beabsichtigte oder unbeabsichtigte) Wirkungen auf den Rezipienten, sodass auch von einem „Sprachhandeln" gesprochen wird. Typische Sprachhandlungen im Mathematikunterricht sind das Beschreiben, das Erklären und das Begründen. Im Hinblick auf solche Sprachhandlungen wird im Mathematikunterricht ausgehandelt, welche Kriterien sie erfüllen sollen. Was macht eine gute Beschreibung aus? Wie formuliert man eine gute Erklärung? Für eine gute Erklärung könnte man etwa fordern, dass sie bildungssprachlich formuliert ist, sodass sie unabhängig von der konkreten Unterrichtssituation verständlich und darüber hinaus exakt, allgemein und präzise ist. Bei pragmatischen Normen können wir kaum zwischen „richtig" und „falsch" unterscheiden, wie es bei grammatischen Normen möglich ist, sondern müssen in der Lerngruppe diskutieren: Ist die fragliche Sprachhandlung mehr oder weniger angemessen? Worauf einigen wir uns?

Die nachfolgende Beispielszene dreht sich thematisch ebenfalls um die Orientierung an der Hundertertafel. Es handelt sich um eine Stunde aus der Parallelklasse; Lehrerin ist Frau Yildiz. Auch sie hat in der einführenden Stunde Zahlenrätsel behandelt. Zu Beginn der zweiten Stunde hat sie nun die Lernenden im Kreis versammelt und die Hundertertafel für alle gut sichtbar in die Mitte auf den Boden gelegt. Es wurde bereits geklärt, dass das im Kreis liegende Objekt „Hundertertafel" heißt, als die nachfolgende Szene einsetzt.

6	Lehrerin	[...] wer erklärt mir was eine Zeile ist' (*blickt sich 4 Sek. im*
7		*Kreis um; einige Schüler melden sich*) Mahmud.
8	Mahmud	die geht (*mit dem Zeigefinger vor sich horizontal hin- und*
9		*herfahrend*) so in eine Reihe so. + immer geradeaus.
10	Lehrerin	mmh. aber jetzt will ich nicht so hören. . weil wenn ich jetzt
11		nicht äh. wenn ich jetzt mit dir telefoniere und und du

12	erklärst mir das und du machst (*mit dem Zeigefinger vor*
13	*sich horizontal hin- und herfahrend so, 2 sec*) + dann kann
14	ich das ja nicht sehen. kannst du mir das mit Worten
15	erklären'
16 Mahmud	ja. es geht geradeaus.
17 Lehrerin	(*den Kopf von links nach rechts wiegend*) mmh- . + nee.
18	(*in die Runde blickend; einige Schüler melden sich*) Emir.
20 Emir	ne Zeile geht links und rechts.
21 Lehrerin	nickt jaa. genau. [...]

Die Lehrerin fragt einleitend, was eine Zeile ist (Zeile 6). Damit wiederholt sie eine Frage, die bereits in der letzten Stunde gestellt und beantwortet wurde. Die als richtig evaluierte Antwort lautete am Vortag: „Eine Zeile geht von links nach rechts und von rechts nach links." Da Frau Yildiz jedoch nicht explizit auf die Mathematikstunde am Vortag verweist, sind – neben der genannten – auch andere Antworten denkbar. Es wird Mahmud aufgerufen (Zeile 7). In seiner Erklärung nutzt Mahmud unterschiedliche sprachliche Modi. Verbalsprachlich gibt er an, dass eine Zeile wie eine Reihe verläuft (Zeile 8 f.). Es ist augenfällig, dass Mahmud eine dynamische Deutung einer Zeile einbringt: „die geht ..." (Zeile 8). Dabei betont er etwas Allgemeines, wenn er hinzufügt: „immer geradeaus" (Zeile 9). Auf der verbalsprachlichen Ebene ist nicht zu entscheiden, ob Mahmud sich diese Reihe horizontal oder vertikal vorstellt. Doch Mahmud äußert sich auch gestisch. Er fährt mit dem Zeigefinger horizontal vor dem eigenen Körper hin und her und setzt diese Geste auf verbalsprachlicher Ebene mit dem Partikel „so" in Szene (Zeile 8 f.). In diesem sprachlichen Modus klärt Mahmud also die Ausrichtung einer Zeile: Sie verläuft für ihn offenbar horizontal und zwar nicht nur in eine Richtung, sondern sowohl von links nach rechts als auch von rechts nach links.

Frau Yildiz reagiert zögernd, aber zustimmend: „mmh" (Zeile 10). Sie kann Mahmuds Erklärung einer Zeile offenbar nicht eindeutig als richtig oder falsch evaluieren. Doch sie fordert eine Überarbeitung ein. Mit dem Verweis auf ein imaginiertes Telefongespräch, bei dem sie Mahmuds Gesten nicht sehen könne, fordert sie ihn auf, allein mit Worten zu erklären, was eine Zeile ist (Zeile 10–15). Nach Koch und Oesterreicher (1985) verlangt sie damit eine Transformation einer konzeptionell mündlichen Äußerung in eine konzeptionell schriftliche Äußerung (s. Abschn. 2.1). Während Mahmud mit seiner Geste die geteilte Situation im Klassenzimmer nutzt, fordert Frau Yildiz ihn auf, auf Gesten zu verzichten und sich auf den Modus der Verbalsprache zu beschränken. Um dieser Aufforderung nachzukommen, müsste Mahmud jene Inhalte, die er zuvor gestisch ausgedrückt hat, nun verbalsprachlich explizieren. Mahmud beschränkt sich im Folgenden tatsächlich auf die Verbalsprache, allerdings reduziert er seine Äußerung: „ja. es geht geradeaus" (Zeile 16). Die Idee der horizontalen Reihe, die gestisch gezeigten Orientierungen und auch die Verallgemeinerung, dass eine Zeile immer geradeaus verlaufe, kommen nicht mehr vor. Frau Yildiz evaluiert die neue Erklärung nach kurzem Zögern negativ: „nee" (Zeile 17).

Emir ist danach der nächste Schüler, der eine Erklärung im Plenum vorbringen darf (Zeile 18). Er äußert sich sofort konzeptionell schriftlich: „ne Zeile geht links und rechts" (Zeile 20). Seine Äußerung ist grammatikalisch fehlerhaft, da er das Bewegungsverb „gehen" ohne sich anschließende Präposition nutzt. Aus diesem Grund wird nicht deutlich, ob eine Zeile seiner Ansicht nach gleichzeitig nach rechts und nach links verläuft oder einmal nach links und einmal nach rechts. Ungeachtet dieser Unschärfe wird Emirs Erklärung von Frau Yildiz als richtig evaluiert (Zeile 21).

Es wird deutlich, dass Frau Yildiz und die zwei Jungen hier eine unterrichtsfachsprachliche Norm realisieren, die nicht grammatisch ist. Ihre Aushandlungsprozesse bezüglich einer angemessenen Erklärung, was eine Zeile ist, fokussieren nicht auf die Struktur der Äußerungen, sondern berühren die Frage, ob die Erklärung auch für jemanden verständlich ist, der in der Situation der Sprachproduktion nicht anwesend ist. Diese gedachte Entkopplung der Sprachrezeption von der Sprachproduktion wird von Frau Yildiz nicht mit dem Ziel der inhaltlichen Präzision motiviert, sondern mit einem Gedankenexperiment: Wie könntest du erklären, was eine Zeile ist, wenn ich dich nicht sehe? Der Blick wird auf die Sprache als Mittel der Kommunikation gerichtet.

Wer danach fragt, wie Sprache als Mittel der Kommunikation eingesetzt wird, stellt auch eine pragmatische Frage. Die Pragmatik geht davon aus, dass sprachliche Äußerungen mehr sind als die Umsetzung von grammatischen Regeln (Widdowson 1996, S. 130; Linke et al. 2004, S. 9). Sprachliche Äußerungen werden hervorgebracht, um jemandem etwas mitzuteilen, ihn zu überzeugen, ihn zu etwas zu bewegen oder auch um eigene Gedanken festzuhalten, etwa in einem Tagebucheintrag. Diese Intentionalität ist ein zentrales Merkmal von Handlungen, sodass Sprechen entgegen dem alltäglichen Verständnis („Nicht nur reden, sondern auch handeln!") als eine Form des Handelns verstanden werden kann. So ist die Pragmatik denn auch die Lehre vom Sprachhandeln (Linke et al. 2004, S. 194).

Die zweite Szene ist ein Beispiel für die Aushandlung einer pragmatischen Norm im Mathematikunterricht. Frau Yildiz und ihre Schüler etablieren die Norm, dass eine Erklärung so zu formulieren ist, dass auch ein Rezipient, der die Situation der Sprachproduktion nicht teilt, sie verstehen kann.

Sowohl bei grammatischen als auch bei pragmatischen Normen ist zu beachten, dass sie nicht fortwährend gelten, sobald sie einmal in einer Lerngruppe etabliert wurden. Vielmehr werden Normen verfeinert, verändert, verworfen, vorübergehend außer Kraft gesetzt oder ersetzt. Eine solche Arbeit an den Normen zum Gebrauch der Unterrichtsfachsprache mag durch die Entwicklung der Lernenden, durch die Schulstufe, das aktuelle Unterrichtsthema oder auch durch Vorlieben der beteiligten Akteure beeinflusst werden. In jedem Fall bleibt zentral, dass jede Lerngruppe für sich bestimmt, was sie als ein angemessenes Sprechen (und Schreiben) über Mathematik ansieht. So kann es auch günstig sein, eine gewisse Unklarheit in der unterrichtlichen Kommunikation zuzulassen oder sogar gezielt herbeizuführen. Sie erlaubt nämlich, miteinander zu arbeiten und inhaltlich voranzuschreiten, auch wenn die am Unterricht Beteiligten die Unterrichtsgegenstände unterschiedlich deuten können. So mag eine Lehrperson beispielsweise davon sprechen, „ein beliebiges rechtwinkliges Dreieck" an die Tafel zu zeichnen, was unmöglich ist, und dabei hoffen, dass die Lernenden nur die Lagebeziehung zweier bestimmter benachbarter Seiten beachten. Die Sprache bleibt an dieser Stelle ungenau und gibt doch den entscheidenden Hinweis darauf, dass in dem konkreten Dreieck an der Tafel etwas Allgemeines „gesehen" werden kann und soll. Mit welchen sprachlichen Anforderungen und damit auch mit welchen Lerngelegenheiten oder Lernhindernissen ein Schüler im Mathematikunterricht konfrontiert wird, hängt also ganz wesentlich davon ab, in welche Lerngruppe er eingebunden ist.

Literatur

Aukerman, M.: A culpable CALP: Rethinking the conversational / academic language proficiency distinction in early literacy instruction. Read Teach **60**(7), 626–635 (2007)

Cummins, J.: Linguistic interdependence and the educational development of bilingual children. Rev Educ Res **29**(2), 221–251 (1979)

Cummins, J.: Language, power and pedagogy. Bilingual children in the crossfire. Multilingual Matters, Buffalo (2000)

Cuntz, J., Deninger, C., Laca, M.: C*-Algebras of Toeplitz type associated with algebraic number fields. Math Ann **355**, 1383–1423 (2013)

Feilke, H.: Bildungssprachliche Kompetenzen – fördern und entwickeln. Prax Dtsch **233**, 4–13 (2012)

Feilke, H.: Bildungssprache und Schulsprache am Beispiel literal-argumentativer Kompetenzen. In: Becker-Mrotzek, M., Schramm, K., Thürmann, E., Vollmer, H.J. (Hrsg.) Sprache im Fach. Sprachlichkeit und fachliches Lernen, S. 113–130. Waxmann, Münster (2013)

Gogolin, I.: Zweisprachigkeit und die Entwicklung bildungssprachlicher Fähigkeiten. In: Gogolin, I., Neumann, U. (Hrsg.) Streitfall Zweisprachigkeit – The Bilingualism Controversy, S. 263–280. SV Verlag für Sozialwissenschaften, Wiesbaden (2009)

Gogolin, I., Lange, I., Hawighorst, B., Bainski, C., Heintze, A., Rutten, S., Saalmann, W.: Durchgängige Sprachbildung. Qualitätsmerkmale für den Unterricht. Waxmann, Münster (2011)

Halliday, M.A.K.: Part, A. In: Halliday, M.A.K, Hasan, R. (Hrsg.) Language, context, and text: Aspects of Language in a social-semiotic perspective. Oxford/Geelong: OUP/Deakin University Press (1985/89)

Helbig, G.: Arten und Typen von Grammatiken. In: Helbig, G., Götze, L., Henrici, G., Krumm, H.-J. (Hrsg.) Deutsch als Fremdsprache. Ein internationales Handbuch, S. 175–186. de Gruyter, Berlin (2001)

Hersh, R.: Proving is convincing and explaining. Educ Stud Math **24**(4), 389–399 (1993)

Hoffmann, L.: Kommunikationsmittel Fachsprache. Eine Einführung, 2. Aufl. Narr, Tübingen (1985)

Hoffmann, L.: Fachwissen und Fachkommunikation. Zur Dialektik von Systematik und Linearität in den Fachsprachen. In: Bungarten, T. (Hrsg.) Fachsprachentheorie, S. 595–617. Attikon, Tostedt (1993)

Koch, P., Oesterreicher, W.: Sprache der Nähe – Sprache der Distanz. Mündlichkeit und Schriftlichkeit im Spannungsfeld von Sprachtheorie und Sprachgeschichte. In: Deutschmann, O., Flasche,

H., Kablitz, A., König, B., Kruse, M., Pabst, W., Stempel, W.-D. (Hrsg.) Romanistisches Jahrbuch, Bd. 36, S. 1–43. Walter de Gruyter, Berlin (1985)

Küpper, H.: Wörterbuch der deutschen Umgangssprache. Klett, Stuttgart (1982)

Lamotke, K.: Riemansche Flächen. Springer, Berlin (2009)

Lange, I., Gogolin, I.: Durchgängige Sprachbildung. Eine Handreichung. Waxmann, Münster (2010)

Linke, A., Nussbaumer, M., Portmann-Tselikas, P.: Studienbuch Linguistik. Niemeyer, Tübingen (2004)

Maier, H., Schweiger, F.: Mathematik und Sprache. Zum Verstehen und Verwenden von Fachsprache im Unterricht. oebv und hpt Verlagsgesellschaft, Wien (1999)

Malle, G.: Didaktische Probleme der elementaren Algebra. Vieweg, Wiesbaden (1993)

Meyer, M.: Vom Satz zum Begriff – philosophisch-logische Perspektiven auf das Entdecken, Prüfen und Begründen im Mathematikunterricht. Springer, Berlin (2015)

Meyer, M., Prediger, S.: Sprachenvielfalt im Mathematikunterricht. Herausforderungen, Chancen und Förderansätze. Prax Math **54**(45), 2–9 (2012)

Pohl, T.: Im Telos der Entwicklung: Wissenschaftslinguistik. In: Pohl, T. (Hrsg.) Studien zur Ontogenese wissenschaftlichen Schreibens. Walter de Gruyter, Berlin (2007)

Reiners, C., Struve, H.: Gleichungen – Didaktische Implikationen aus der Sicht des Chemie- und Mathematikunterrichts. Prax Naturwissenschaften – Chem Schule **60**(3), 35–40 (2011)

Riebling, L.: Sprachbildung im naturwissenschaftlichen Unterricht. Eine Studie im Kontext migrationsbedingter sprachlicher Heterogenität. Waxmann, Münster (2013)

Roelcke, T.: Fachsprachen. Erich Schmidt, Berlin (2010)

Schmölzer-Eibinger, S.: Sprache als Medium des Lernens im Fach. In: Becker-Mrotzek, M., Schramm, K., Thürmann, E., Vollmer, H.J. (Hrsg.) Sprache im Fach. Sprachlichkeit und fachliches Lernen, S. 25–40. Waxmann, Münster (2013)

Sfard, A.: Thinking as communicating. Human development, the growth of dis-courses, and mathematizing. Cambridge University Press, Cambridge (2008)

Sifianou, M.: Politeness phenomena in England and in Greece: A cross-cultural perspective. Clarendon Press, Oxford (1992)

Tiedemann, K.: Unterrichtsfachsprache. Zur interaktionalen Normierung von Sprache im Mathematikunterricht der Grundschule. Math Didact **38**, 37–62 (2015a)

Tiedemann, K.: Sprache im inklusiven Mathematikunterricht der Grundschule. In: Lüken, M., Peter-Koop, A., Rottmann, T. (Hrsg.) Inklusiver Mathematikunterricht in der Grundschule, S. 107–121. Mildenberger, Offenburg (2015b)

Voigt, J.: Entwicklung mathematischer Themen und Normen im Unterricht. In: Maier, H., Voigt, J. (Hrsg.) Verstehen und Verständigung. Arbeiten zur interpretativen Unterrichtsforschung, S. 77–111. Aulis, Köln (1994)

Vollmer, H.J., Thürmann, E.: Zur Sprachlichkeit des Fachlernens. Modellierung eines Referenzrahmens für Deutsch als Zweitsprache. In: Ahrenholz, B. (Hrsg.) Fachunterricht und Deutsch als Zweitsprache, S. 107–132. Narr, Tübingen (2010)

Vollrath, H.-J.: Lernschwierigkeiten, die sich aus dem umgangssprachlichen Verständnis geometrischer Begriffe ergeben. In: Bauersfeld, H., Otte, M., Steiner, H.-G. (Hrsg.) Lernschwierigkeiten im Mathematikunterricht Schriftenreihe des IDM, Bd. 18, S. 57–73. IDM, Bielefeld (1978)

Wagenschein, M.: Naturphänomene sehen und verstehen. Genetische Lehrgänge. Klett, Stuttgart (1988)

Widdowson, H.G.: Linguistics. Oxford University Press, Oxford (1996)

Wittmann, E.C., Müller, G.N.: Handbuch produktiver Rechenübungen. Klett, Stuttgart (1990)

Yackel, E., Cobb, P.: Sociomathematical norms, argumentation, and autonomy in mathematics. J Res Math Educ **27**(4), 468–477 (1996)

Yackel, E., Cobb, P., Wood, T.: Small-group interactions as a source of learning opportunities in second-grade mathematics. J Res Math Educ **22**, 390–408 (1991)

3 Funktionen und Rollen von (Fach-)Sprache im Mathematikunterricht (und in der Mathematik)

Zusammenfassung

Wie zuvor beschrieben kann die Unterrichtsfachsprache in unterschiedlichen Lerngruppen ganz unterschiedlich normiert werden und damit in ihrer äußeren Erscheinung stark variieren (s. Abschn. 2.5). In Abhängigkeit davon, in welcher Lerngruppe man sich befindet, wird man einen je eigenen Sprachgebrauch auf grammatischer und pragmatischer Ebene beobachten können. Quer zu dieser konkreten Ausgestaltung ist aus fachdidaktischer Sicht zu fragen, welche Funktionen die Sprache als Gesamtheit im Prozess des Mathematiklernens erfüllen kann und soll (s. Abschn. 3.1) und welche Rollen sie in der Realität des Mathematikunterrichts tatsächlich einnehmen kann (s. Abschn. 3.2). Als Antwort zeigt sich erstens, dass für den Gebrauch von Sprache eine kognitive von einer kommunikativen Funktion zu unterscheiden ist, und zweitens, dass die Sprache im Mathematikunterricht selbst auch Lerngegenstand ist und ferner als wichtigstes Lernmedium zur Lernvoraussetzung wird und unter ungünstigen Bedingungen auch zum Lernhindernis werden kann.

3.1 Funktionen der (Fach-)Sprache

Für die Mathematikdidaktik hat es sich als gewinnbringend herausgestellt, die (mündliche und schriftliche) Sprache in all ihrer Vielfalt nur als eine Möglichkeit der Darstellung zu sehen. Im Unterrichtsalltag tritt sie nämlich häufig nicht allein, sondern im Zusammenspiel mit anderen Möglichkeiten der Darstellung auf. Wir beobachten Handlungen mit Zirkel und Lineal, auf die parallel produzierte verbalsprachliche Äußerungen bezogen sind, das Argumentieren an Diagrammen oder auch das Erklären mit Wendeplättchen. Dabei ist die Sprache Bedingung, Ergänzung oder auch Stolperstein. Bruner (1974, S. 49) sortiert dieses Zusammenspiel, indem er drei Repräsentationssysteme für kulturell etabliertes Wissen unterscheidet: das enaktive, das ikonische und das symbolische, wobei er die Sprache als Beispiel für eine symbolische Repräsentation als besonders bedeutungsvoll hervorhebt.[1]

Das enaktive Repräsentationssystem wird in Form von Handlungen realisiert. So kennen wir kulturell etabliertes Wissen, das wir kaum abbilden oder beschreiben, sondern zuallererst in einem Handlungsablauf wiedergeben können. Beispielhaft kann an das Skifahren oder Tennisspielen gedacht werden (Bruner 1974, S. 16). Bei solchen Handlungen ist es nach Bruner (1974, S. 49) zentral, dass sie dafür geeignet sind, ein bestimmtes Ziel zu erreichen, z. B. verletzungsfrei den Berg hinabzugleiten oder den gelben Filzball über das Netz zu befördern. Gemeint sind also keine Reflexe oder zufällig ausgeführten Bewegungsabläufe, sondern Handlungen, die wesentlich mit einer Intention des Akteurs verbunden sind. Dabei können, wie Bruners Beispiele zeigen, Objekte in den Handlungsablauf eingebunden sein, z. B. Skier beim Skifahren oder Schläger und Ball beim Tennisspiel. Eine enaktive Repräsentation ist auf besondere Weise mit der physischen Welt verbunden: Individuen setzen ihren Körper ein und nutzen Objekte, um ihr Wissen zu zeigen und zu nutzen. Bezieht man Bruners Konzeptionalisierung des enaktiven Repräsentationssystems auf den Mathematikunterricht, sind sowohl der Handlungscharakter als auch die mögliche Einbindung von Objekten relevant und leicht vorzustellen. Beispielsweise können wir unser Wissen über die Addition 5 + 3 zeigen, indem wir 5 Plättchen als sichtbare Menge auf dem Tisch platzieren und dann 3 weitere Plättchen abzählen und hinzufügen. Ziel dieser materialgebundenen Handlung ist es, eine Menge herzustellen, deren Mächtigkeit der gesuchten Summe entspricht.

Das ikonische Repräsentationssystem wird in Form von Bildern oder Grafiken realisiert (Bruner 1974). Dabei entwickelt das Bild nach Bruner (1974, S. 19) einen autonomen Status gegenüber gemachten Erfahrungen, indem es Handlungen zusammenfasst. Das Individuum muss seine sinnlichen Wahrnehmungen organisieren und nach ökonomischen Gesichtspunkten transformieren, also z. B. auffüllen, vervollständigen oder extrapolieren, um Erfahrungen in einem Bild darzustellen (Bruner 1974, S. 17). In Bezug auf den Mathematikunterricht können wir an ein Bild mit 8 Punkten denken, wobei 5 Punkte rot und 3 Punkte blau sind. Dieses Bild fasst alle Handlungen des Hinzufügens von 3 Objekten zu 5 Objekten zusammen.

Das symbolische Repräsentationssystem wird schließlich in Form von Zeichen realisiert, denen eine zwar grundsätzlich variable, aber in Konventionen festgeschriebene Bedeutung zugewiesen wird (Bruner 1974, S. 17). Bei diesen Zeichen kann es sich z. B. um Wörter oder auch um mathematische Symbole handeln. Sie sind willkürlich in dem Sinne, dass es keine Ähnlichkeit zwischen dem Symbol und der Sache geben muss. So bezeichnet das kurze Wort „Wal" ein sehr großes Tier, das lange Wort „Buchsbaumfloh" aber ein sehr kleines. In dieser willkürlichen Verbindung zwischen Symbol und dem damit

---

[1] Es sei angemerkt, dass sich die verschiedenen Repräsentationssysteme nicht eindeutig voneinander abgrenzen lassen. So kann etwa ein (ikonisches) Bild u. a. fünf Punkte enthalten, die beispielsweise als Symbol für die Zahl 5 dienen. Die Rede von enaktiv, ikonisch und/oder symbolisch impliziert im Folgenden die jeweils wesentliche Repräsentationsform.

3.1 Funktionen der (Fach-)Sprache

Bezeichneten liegt ein Unterschied zur ikonischen Repräsentation, bei der die Repräsentation in ihrer äußeren Erscheinung an die dargestellten Erfahrungen gebunden bleibt.

Bruner (1974, S. 17) betont, dass Symbole in einem doppelten Sinn „sehr ergiebig" sind. Sie erlauben erstens eine sehr produktive Verarbeitung der physischen Welt, indem sie es ermöglichen, Erfahrungen zu kombinieren, zu vergleichen und komprimiert darzustellen (Bruner 1974, S. 18, 25, 104). Obgleich es nicht unmöglich ist, auch mit enaktiven und ikonischen Repräsentationen auf ökonomische Weise Wissen darzustellen, hebt Bruner (1974, S. 18, 25, 104) das Potenzial der Sprache in dieser Hinsicht besonders hervor und bezeichnet sie als ein „mächtiges Werkzeug" (Bruner 1974, S. 105), das Kinder zu gebrauchen lernen (müssen). Das Vergleichen von unterschiedlichen Erfahrungen ist für den Mathematikunterricht ein wichtiger Schritt, wenn z. B. Material genutzt wird, um mathematische Operationen zu veranschaulichen. Immer, wenn ich fünf Objekten drei Objekte hinzufüge, erhalte ich 8 Objekte, ganz gleich, ob es sich bei den Objekten um Plättchen, Kastanien, Wasserflaschen oder Perlen handelt. Alle konkreten Erfahrungen, die Kinder in dieser Hinsicht tatsächlich machen, sind in der mathematischen Aussage $5 + 3 = 8$ repräsentiert.

Symbole sind nach Bruner (1974, S. 105) zweitens auch in der Hinsicht ergiebig, dass sie neben der Verarbeitung der physischen Welt und der dort zu verortenden Erfahrungen eine ganz neue Welt eröffnen. So ist ein System von Symbolen gewöhnlich mit einer Menge von Regeln zur Bildung und Umformung von Sätzen verbunden und genau diese Transformationen ermöglichen es, neue und vor allem brauchbare Aussagen hervorzubringen. Der Nutzer eines Symbolsystems erhält auf diese Weise Zugang zur Welt möglicher und unmöglicher Erfahrungen, zur Welt des Hypothetischen (Bruner 1974, S. 20). Er kann Aussagen über Inhalte hervorbringen, die er nicht selbst erlebt hat, die er vielleicht nicht einmal erleben kann, die sich aber aus einem „regelgeleiteten Spiel" mit den Symbolen ergeben haben. Das Nachdenken über mögliche und unmögliche Erfahrungen ist für den Mathematikunterricht von zentraler Bedeutung. Ein Beispiel für eine mögliche Erfahrung ist das Lösen beliebiger Additionsaufgaben. Für den Term $5 + 3$ kann man sich in der physischen Realität ganz unterschiedliche Erfahrungen vorstellen und diese werden zur Anbahnung tragfähiger Grundvorstellungen im Mathematikunterricht vielleicht auch tatsächlich gemacht. Doch schließlich sollen die Lernenden zahlreiche Aufgaben gleicher Struktur lösen können, ohne die entsprechende Handlung des Hinzufügens mit Material auszuführen. Dann sprechen sie vielleicht nicht mehr über eine tatsächlich gemachte Erfahrung, sondern „nur" über eine mögliche Erfahrung. Ein Beispiel für eine unmögliche Erfahrung ist eine zentrale Eigenschaft einer Geraden: Sie ist unendlich lang. Ein unendlich langes geometrisches Objekt kann mit Worten beschrieben werden, aber es kann nicht gezeichnet oder irgendwo abgebildet gefunden werden.

Wenn Bruner (1974) über die sprachliche Erschließung des Möglichen und Unmöglichen spricht, wird deutlich, dass die Sprache für ihn mehr ist als ein Repräsentationssystem. Seiner Ansicht nach wird mit der Sprache nicht nur kulturell etabliertes Wissen dargestellt, sondern zumindest subjektiv auch neues Wissen erzeugt. Diese Möglichkeit der Sprache tritt in den Vordergrund, wenn Bruner (1974, S. 13) ähnlich wie Maier und

Schweiger (1999, S. 11) zwei Funktionen der Sprache unterscheidet: Sie ist einerseits ein Mittel, um das eigene Denken zu ordnen und ihm neue Möglichkeiten zu eröffnen (kognitive Funktion), und andererseits das zentrale Medium für den Gedankenaustausch mit anderen (kommunikative Funktion).

Die kognitive Funktion der Sprache (s. auch Abschn. 1.2) dient dem Erkenntnisgewinn. So beschreiben Maier und Schweiger (1999, S. 11), dass gerade durch die Verdichtung von Informationen in Begriffen, wie z. B. „Dreieck" oder „addieren", neue Einsichten entwickelt werden können (auch Bruner 1974, S. 18). Diese Behauptung wird nachvollziehbar, wenn man sich vergegenwärtigt, welcher Art die Objekte, Relationen und Prozesse sind, um die es im Mathematikunterricht geht. Im Mittelpunkt stehen dort keineswegs konkrete physische Phänomene, auf die man zeigen oder die man beobachten kann, sondern vielmehr (abstrakte) Klassen von Objekten, Relationen und Prozessen, z. B. Zehner, Nachbarzahlen oder Additionen. Ihre Eigenschaften, Beziehungen und Anwendungsmöglichkeiten sind Gegenstand des Mathematikunterrichts. Solche Klassen sind aber nichts anderes als gebildete Begriffe, also Wörter, denen eine konventionalisierte Bedeutung zugewiesen wird und die (zumindest teilweise) zu ganz unterschiedlichen Erfahrungen in Beziehung gesetzt werden können (Meyer 2015, S. 93).

Die kommunikative Funktion wird insofern realisiert, als die Sprache es ermöglicht, anderen die Ergebnisse individueller Denkprozesse mitzuteilen (Bruner 1974, S. 13; Maier und Schweiger 1999, S. 11). Dabei können einerseits die Rezipienten profitieren, indem sie gehörte oder gelesene Ideen in ihr Denken aufnehmen, verändern und weiterentwickeln, dabei kann aber andererseits auch der Ideengeber profitieren, indem er eine Rückmeldung zu dem von ihm Geäußerten erhält und diese Rückmeldung zum Anlass nimmt, ebenfalls an seinen Ideen zu arbeiten. Somit wird deutlich, dass die beiden Funktionen von Sprache eng verwoben sind und die kommunikative Funktion verstärkend auf die kognitive wirkt. Sowohl Bruner (1974, S. 103) als auch Maier und Schweiger (1999, S. 11) weisen auf diesen Zusammenhang hin, erklären ihn aber unterschiedlich und erhellen ihn so auf besondere Weise.

Bruner (1974) beschreibt, dass derjenige, der seine Gedanken zur Sprache bringt, sie vorab ordnen muss. Er organisiert seine Ideen, sodass er angemessen abschätzen kann, was auszusprechen erforderlich ist. Was weiß der andere? Was muss ihm mitgeteilt werden? Die Kommunikationsabsicht macht somit eine Sortierung des Denkens erforderlich. Dabei hebt Bruner (1974, S. 110) hervor, dass die mündliche Kommunikation im Vergleich zur schriftlichen die Erleichterung mit sich bringt, dass der anwesende Gesprächspartner ganz wesentlich dabei hilft, zu entscheiden, was gesagt werden muss. Der Zuhörer kann durch Mimik, Gestik, aber auch durch vielfältige verbalsprachliche Äußerungen anzeigen, inwiefern er dem Sprecher verstehend folgen kann und an welchen Stellen er zusätzliche Informationen benötigt. Wird ein Schüler hingegen z. B. in einer Klassenarbeit aufgefordert, seinen Lösungsweg schriftlich darzustellen, ist ihm der Adressat zwar auch bekannt, aber er muss den Prozess der Sprachrezeption eigenständig planen und seine sprachliche Äußerung entsprechend realisieren. Unabhängig vom Medium der Sprache beschreibt Bruner somit vor allem, dass die kommunikative Funktion der Sprache der kognitiven

Funktion eine zusätzliche Tiefe verleiht. Denn er nimmt an, dass derjenige, der seine mathematischen Ideen mündlich oder schriftlich äußert, sie vorab strukturiert und damit tiefgreifender durchdenkt (Bruner 1974, S. 103). Spezifisch für die Mathematik und ihre abstrakten Gegenstände kann mit Vygotsky (1964, S. 303) auch angenommen werden, dass die Sprache das mathematische Denken nicht nur vertieft, sondern es überhaupt ermöglicht. So beschreibt Vygotsky (1964, S. 303), dass die sprachliche Äußerung nicht Abbild eines fertigen Gedankens sei, sondern sich der Gedanke im Prozess der Sprachproduktion vielmehr erst strukturiere und auf diese Weise vollziehe. Diese theoretische Annahme ist für die Mathematik insofern sinnvoll, als sie als Wissenschaft von Mustern und Strukturen die Sprache wesentlich braucht, um ihre Gegenstände zu objektivieren. Wer über mathematische Objekte, Relation und Prozesse nachdenken möchte, braucht Sprache, um die abstrakten, nicht sinnlich erfahrbaren Inhalte festlegen und „bearbeiten" zu können.

Maier und Schweiger (1999, S. 11) heben eher darauf ab, dass die kommunikative Funktion die kognitive verstärkt, indem sie ihr eine zusätzliche Breite verleiht. Sie erläutern, dass die Ergebnisse individuellen Denkens durch die Sprache mitteilbar werden und auf diese Weise „vervielfältigt" werden können. Wenn ein Schüler seine mathematischen Ideen in das Klassengespräch oder eine Gruppendiskussion einbringt, können fortan mehr Personen als nur er selbst darauf „zugreifen". Nun können alle über das Gesagte nachdenken, es überprüfen, einordnen, ergänzen, korrigieren oder bestätigen. Man kann sich leicht vorstellen, dass eine vielleicht zunächst noch unvollständige Idee auf diese Weise angereichert oder korrigiert wird, sodass sie sich in zunehmendem Maße konventionellen mathematischen Deutungen annähert. Zusammenfassend wird also deutlich, dass die kommunikative Funktion von Sprache die kognitive Funktion auf zweierlei Weise verstärken kann: Sie kann ihr eine zusätzliche Tiefe und eine zusätzliche Breite geben.[2]

Mit Bruner (1974) sowie Maier und Schweiger (1999) kann die Sprache als ein für das Mathematiklernen zentrales Instrument gesehen werden, das es ermöglicht, unterschiedliche Erfahrungen zueinander in Beziehung zu setzen und komprimiert darzustellen, sich darüber hinaus auch die Welt des Hypothetischen zu erschließen und das eigene (begriffliche) Denken auf diese Weise weiterzuentwickeln. Die Fachsprache erfüllt eine kognitive und eine kommunikative Funktion.

3.2 Rollen der (Fach-)Sprache

Sprache als Lerngegenstand: Fachsprachliche Mittel, die Schüler zu gebrauchen lernen, ermöglichen ihnen insgesamt eine präzisere Darstellung eigener Ideen, wodurch die Verwendung der Sprache ökonomischer und dem Ziel der Aushandlung mathematischen Wissens zuträglicher wird. Denn Missverständnisse können immer mehr vermieden wer-

---

[2] Dieser Zusammenhang wird im nachfolgenden Abschnitt entsprechend der theoretischen Grundlage des Symbolischen Interaktionismus noch eingehend beschrieben.

den. Zudem ermöglichen gut entwickelte fachsprachliche Fähigkeiten die Teilhabe an der Sprachgemeinschaft von Mathematikern und tragen somit zur Verständigung und Kooperation bei. Insbesondere die verschiedenen Charakteristika der Fachsprache im Vergleich zur Alltagssprache machen es sinnvoll, mathematische Bezeichnungen zu erlernen, um sie im weiteren Verlauf erfolgreich nutzen zu können (s. Abschn. 2.1 und 2.4). Betrachten wir einige Beispiele: Einen Bruch als aus „Zähler" und „Nenner" bestehend betrachten zu können, ist eine Voraussetzung dafür, um im Kontext der Addition von Brüchen „gemeinsame Nenner" bilden zu können. Um in der Geometrie eine „Verschiebung" durchführen zu können, bedarf es eines anderen als des alltagssprachlichen Verständnisses dieses Wortes. Wer in Anbetracht dieser Beispiele mit Bruner (1974, S. 17) anerkennt, dass die Beziehung zwischen Symbolen (Wörtern oder mathematischen Zeichen) und den ihnen zugeordneten Bedeutungen grundsätzlich willkürlich ist, sieht die Sprache in ihrer Rolle als Lerngegenstand, da jene mathematisch-konventionalisierten Beziehungen von jedem Lernenden individuell neu gelernt werden müssen.

Sprache als Lernmedium: Doch die Fachsprache ist nicht nur ein Lerngegenstand. Der Grund dafür liegt in der Tatsache, dass fachliche Lernprozesse stets sprachlich vermittelt sind, sei es in mündlicher oder schriftlicher Form (s. Abschn. 2.1 und 2.2). Theoretische Grundlagen finden sich beispielsweise im Symbolischen Interaktionismus, dessen Prämissen von Blumer (1981) wie folgt formuliert werden:

> Die erste Prämisse besagt, dass Menschen „Dingen" gegenüber aus der Grundlage der Bedeutungen handeln, die diese Dinge für sie besitzen. ... Die zweite Prämisse besagt, dass die Bedeutung solcher Dinge aus der sozialen Interaktion, die man mit seinen Mitmenschen eingeht, abgeleitet ist oder aus ihr entsteht. Die dritte Prämisse besagt, dass diese Bedeutungen in einem interaktiven Prozess, den die Person in ihrer Auseinandersetzung mit der ihr begegnenden Dingen benutzt, gehandhabt und abgeändert wird (Blumer 1981, S. 81).

Demzufolge resultieren Bedeutungszuschreibungen zum einen aus einer individuellen Anschauung, sind zum anderen aber auch das Produkt einer interaktiven und im Mathematikunterricht zumeist sprachlich vermittelten Aushandlung mit anderen Lernenden oder der Lehrperson. So wird aus interaktionistischer Perspektive insbesondere hinsichtlich der Erarbeitung mathematischer Begriffe die Bedeutung der interaktiven Aushandlung mathematischen Wissens hervorgehoben (z. B. Voigt 1984).

An den Grundlagen Blumers soziologischer Theorie zeigt sich die Möglichkeit der Verstärkung von kommunikativer und kognitiver Funktion von Sprache (s. Abschn. 3.1). Entsprechend wird also deutlich, dass Sprache immer auch die Rolle eines Lernmediums einnimmt, insofern sie hilft, sich gegenseitig die eigenen Bedeutungen anzuzeigen und neue Bedeutungen – sei es zur Ausschärfung der eigenen oder zur Aushandlung gemeinsamer – zu erarbeiten.

Sprache als Lernvoraussetzung: Wenn Sprache im Mathematikunterricht ein Lernmedium ist, der Prozess des Mathematiklernens also zumindest in Teilen notwendigerweise an den verstehenden und darstellenden Gebrauch von Sprache gebunden ist, ist sie auch eine Lernvoraussetzung. Diese Rolle der Sprache ist insbesondere für jene Lernende problematisch, die die Unterrichtssprache, womit hier die abseits jeglicher Ansprüche im Unterricht realisierte Sprache verstanden wird, nicht in ausreichender Weise beherrschen. Die Sprache der Lehrpersonen ist im deutschen Mathematikunterricht nahezu ausschließlich Deutsch, wobei rund ein Fünftel aller Schüler mit einer anderen Erstsprache aufwachsen (Chlosta und Ostermann 2008). Internationale Vergleichsstudien zeigen, dass es dem deutschen Schulsystem weniger als den Systemen vergleichbarer Länder gelingt, den Lernenden mit nichtdeutscher Erstsprache adäquate Mathematikleistungen zu ermöglichen (OECD 2007, S. 120). Dem Aspekt der Mehrsprachigkeit ist daher ein eigenes Kapitel in diesem Buch gewidmet (s. Kap. 5. Lernende, bei denen die Sprache in ihrer Rolle als Lernvoraussetzung besondere Beachtung finden sollte, sind aber nicht nur jene mit nichtdeutscher Erstsprache, sondern auch jene, die aus Familien mit einem niedrigen sozioökonomischen Status kommen. Auch in dieser Gruppe wird die Sprache als Voraussetzung mathematischen Lernens überdurchschnittlich oft als problematisch angesehen (Eckhardt 2008, S. 221).

Sprache als Lernhindernis: Bei der Betrachtung der Sprache als Lernvoraussetzung wurde bereits ersichtlich, dass die Sprache zu einem Lernhindernis werden kann, sofern die notwendigen Bedingungen zum „Nutzbarmachen" sprachlicher Elemente nicht vorliegen. Betrachten wir als Beispiel die Definition des arithmetischen Mittels (s. Abschn. 2.4). Wenn diese nach Winter (1981, S. 193 f.) auf explizit definitorische Weise eingeführt wird, zur Begriffsklärung also ausschließlich auf eine Definition verwiesen wird, so ist ein Verständnis der Wörter „Daten", „Quotient" etc. erforderlich, um das Wortpaar „arithmetisches Mittel" mit der konventionalisierten mathematischen Bedeutung zu verbinden. Diese Verwobenheit mathematischer Begriffe ist ein Hinweis auf den Aufbau der Mathematik und ihren Sprachgebrauch: Begriffe, bestehend aus (Fach-)Wörtern und den ihnen konventionalisiert zugeschriebenen Bedeutungen, werden verwendet, um weitere Begriffe einzuführen. So bauen Fachbegriffe aufeinander auf und bedingen sich gegenseitig. Sie bilden die Bausteine des (fachsprachlichen) Gebäudes der wissenschaftlichen Disziplin Mathematik und können aus eben diesem Grund zum Lernhindernis werden (s. Abschn. 2.4).

Literatur

Blumer, H.: Der methodologische Standort des Symbolischen Interaktionismus. In: Arbeitsgruppe Bielefelder Soziologen (Hrsg.) Alltagswissen, Interaktion und gesellschaftliche Wirklichkeit. Westdeutscher Verlag, Opladen (1981)

Bruner, J.S.: Entwurf einer Unterrichtstheorie. Berlin Verlag, Berlin (1974)

Chlosta, C., Ostermann, T.: Grunddaten zur Mehrsprachigkeit im deutschen Bildungssystem. In: Ahrenholz, B. (Hrsg.) Deutsch als Zweitsprache, S. 17–30. Schneider, Baltmannsweiler (2008)

Eckhardt, A.: Sprache als Barriere für den schulischen Erfolg. Potentielle Schwierigkeiten beim Erwerb schulbezogener Sprache für Kinder mit Migrationshintergrund. Waxmann, Münster (2008)

Maier, H., Schweiger, F.: Mathematik und Sprache. Zum Verstehen und Verwenden von Fachsprache im Unterricht. oebv und hpt Verlagsgesellschaft, Wien (1999)

Meyer, M.: Vom Satz zum Begriff – philosophisch-logische Perspektiven auf das Entdecken, Prüfen und Begründen im Mathematikunterricht. Springer, Berlin (2015)

OECD: Science Competencies for Tomorrow's World: Vol. 2: Data (PISA 2006). OECD, Paris (2007)

Voigt, J.: Entwicklung mathematischer Themen und Normen im Unterricht. In: Maier, H., Voigt, J. (Hrsg.) Verstehen und Verständigung. Arbeiten zur interpretativen Unterrichtsforschung, S. 77–111. Aulis, Köln (1984)

Vygotsky, L.S.: Denken und Sprechen. Akademie-Verlag, Berlin (1964)

Winter, H.: Über die Entfaltung begrifflichen Denkens im Mathematikunterricht. J Für Math **83**(3), 175–204 (1981)

Empirische Studien zur Sprache im Fach Mathematik

4

Zusammenfassung

Die Bedeutung der Sprache für das Mathematiklernen ist innerhalb der Mathematikdidaktik kaum noch umstritten. Aus einer Vielzahl theoretischer Überlegungen ergibt sich die zentrale Einsicht, dass die Sprache in vielerlei Hinsicht im Fachunterricht berücksichtigt werden muss (s. Kap. 2 und 3). Gleichwohl steht die empirische Erforschung dieses Themenfeldes erst an ihrem Beginn. Die schon vorliegenden Arbeiten zeigen aber deutlich, dass eine Förderung von Lernenden auch im Fach Mathematik die Sprache nicht unberücksichtigt lassen darf. Mit der Gewinnung von empirischen Forschungsergebnissen geht eine Ausdifferenzierung des Themenfeldes einher. Aus diesem Grund werden nachfolgend beispielhaft einige empirische Studien zu Einflussfaktoren im Bereich der Sprache im Fach Mathematik vorgestellt, die bereits vorliegen und einen ersten Überblick über das Feld geben. Sie geben Antworten, werfen neue Fragen auf und werden in den kommenden Jahren sicher Ausgangspunkte für weitere Arbeiten sein. Dem Bereich der Mehrsprachigkeit, der dabei in Ansätzen thematisiert wird, ist aufgrund seiner großen Bedeutung fortführend ein eigenes Kapitel gewidmet (s. Kap. 5).

4.1 Einflussfaktor Migrationshintergrund

Heinze et al. (2011) untersuchen in der Längsschnittstudie „Sozialisation und Akkulturation in Erfahrungsräumen von Kindern mit Migrationshintergrund (SOKKE)" das Mathematiklernen von Grundschülern mit Migrationshintergrund und vergleichen es mit jenem von Kindern ohne Migrationshintergrund (s. auch Heinze et al. 2007).

In ihrer theoretischen Fundierung gehen die Autoren davon aus, dass adäquate Fähigkeiten in der Unterrichtssprache „eine notwendige Voraussetzung für das Erlernen eines spezifisch mathematischen Begriffssystems" sind (Heinze et al. 2007, S. 24). Die betrachtete Stichprobe umfasste 292 Schüler aus 22 Schulklassen, von denen 162, also etwas mehr als die Hälfte, einen Migrationshintergrund hatten. Das Verhältnis von Mädchen und Jungen war nahezu ausgeglichen. Es wurden mit standardisierten Tests Daten zur Mathematikleistung, zum Sprachstand und zu den kognitiven Grundfähigkeiten erhoben:

- Mathematikleistung: DEMAT 1+ (Krajewski et al. 2002a), DEMAT 2+ (Krajewski et al. 2002b), DEMAT 3+ (Roick et al. 2004).
- Sprachstand: Sprachstandsüberprüfung und Förderdiagnostik für Ausländer- und Aussiedlerkinder (Hobusch et al. 2002).
- Kognitive Grundfähigkeiten in Klasse 1: CFT Grundintelligenztest (Cattell et al. 1997).

In den Mathematikleistungen zeigten sich bereits am Ende des ersten Schuljahres signifikante Unterschiede zwischen den beiden Gruppen: Die Kinder mit Migrationshintergrund zeigten deutlich schwächere Leistungen als die ohne Migrationshintergrund (Heinze et al. 2011, S. 25). Diese Unterschiede verschwanden allerdings, wenn der Sprachstand in Klasse 1 statistisch kontrolliert wurde. Geht man also von gleichen Sprachstandswerten zu Schulbeginn aus, ergeben sich keine signifikanten Unterschiede mehr. Die Autoren werten dieses Ergebnis als einen deutlichen Hinweis für die Richtigkeit ihrer zugrunde gelegten Annahme, dass die Fähigkeiten in der Unterrichtssprache die zentrale Bedingung „für das schulische Lernen in Mathematik" sind (Heinze et al. 2011, S. 26).

Der Unterschied zwischen den beiden Gruppen bleibt im Verlauf der weiteren Grundschuljahre annähernd konstant (s. Heinze et al. 2011, S. 27). Es ist also kein sog. Interaktionseffekt erkennbar; die Leistungsentwicklung von Kindern mit und ohne Migrationshintergrund verläuft weitgehend parallel. Das bedeutet, dass hinsichtlich der Mathematikleistung in den Grundschuljahren keine Annäherung der Leistung stattfindet; den Kindern mit Migrationshintergrund gelingt es nicht, den Leistungsrückstand aufzuholen, sie fallen aber auch nicht noch weiter zurück.

Für den Mathematikunterricht verweist die Zusammenschau dieser Ergebnisse auf einen akuten Handlungsbedarf: Lernende mit Migrationshintergrund zeigen am Ende des ersten Schuljahres durchschnittlich schwächere Leistungen und stagnieren auf diesem Niveau. Es gelingt der Institution Schule offenbar nicht, ihnen durch eine gezielte fachdidaktische Förderung den Anschluss an das Leistungsniveau der Kinder ohne Migrationshintergrund zu ermöglichen (vgl. dazu auch Merkens 2010; Mücke und Schründer-Lenzen 2008). Dabei erweist sich die Sprachkompetenz als zentraler Einflussfaktor. Sie wird als die zentrale Bedingung für einen erfolgreichen Kompetenzerwerb im Fach Mathematik gesehen.

Diese Einschätzung wird durch Detailanalysen aus dem Projekt SOKKE gestützt. Dort zeigten die Ergebnisse aus den Subskalen der DEMAT-Tests, dass unter Kontrolle der kognitiven Grundfähigkeiten keine systematischen signifikanten Unterschiede in den arithmetischen Rechenleistungen auszumachen sind. Symbolisch repräsentierte Items, die eine Ausführung grundlegender mathematischer Operationen erfordern, wurden demnach auch ohne Kontrolle des Sprachstands gleich gut gelöst. Als Beispiele werden

4.1 Einflussfaktor Migrationshintergrund

„17 − 3 − 4 − 6 =" für Klasse 1, „24 : 8 =" für Klasse 2 und „763 − 356 =" für Klasse 3 angegeben. Es sind also diese eher kalkülfokussierenden, textarmen Bereiche des DEMAT, in denen die Sprache als Einflussfaktor kaum Einfluss hat. Anders verhält es sich in den Subskalen, „die das Verständnis mathematischer Begriffe oder Darstellungen" betreffen. Die Kinder sollten beispielsweise einer Zahl eine Position auf dem Zahlenstrahl zuordnen oder unter Nutzung von Grundvorstellungen einfache Sachaufgaben lösen (s. Heinze et al. 2011, S. 26). Gleichwohl waren auch diese Unterschiede nicht länger signifikant, wenn der Sprachstand statistisch kontrolliert wurde. In solchen Items, die eher ein tiefer gehendes mathematisches Begriffsverständnis erfordern, als kalküllastige Rechenaufgaben es tun, schneiden die Kinder mit Migrationshintergrund schlechter ab. Die Autoren erklären hier erneut mit dem Einflussfaktor Sprache: Auch wenn der Mathematikunterricht in der Grundschule zunächst auf nonverbalen Repräsentationen und handlungsorientierten Ansätzen beruht, so sind wichtige Lernschritte doch sprachlich vermittelt (s. Heinze et al. 2011, S. 28). Es wird ganz wesentlich in der mündlichen Unterrichtsinteraktion dargestellt und ausgehandelt, wie mathematische Darstellungen üblicherweise zu deuten sind und wie Begriffe im Sinne von Grundvorstellungen mental repräsentiert werden sollten. Was es an einem Zahlenstrahl zu „sehen" gibt oder welche Vorstellungen mit der mathematischen Operation Addition gemäß mathematischen Konventionen verbunden sind, sind keine Fragen der optischen Wahrnehmung oder der kindlichen Fantasie, sondern Fragen, deren Antworten Kinder nur dem sozialen Austausch mit (mindestens) einem kompetenten Gegenüber entnehmen können.

Die Ergebnisse der Längsschnittstudie SOKKE weisen insbesondere bei den Detailanalysen darauf hin, dass gerade in der Entwicklung eines tiefer gehenden Begriffsverständnisses der Schlüssel zu einer erfolgreichen Kompetenzentwicklung im Mathematikunterricht liegt (s. Heinze et al. 2011, S. 28). Denn wie die Leistungsentwicklung im Verlauf der Grundschulzeit zeigt, reichen die Kalkülleistungen der Kinder mit Migrationshintergrund offenbar nicht aus, um die geringere mathematische Kompetenz am Ende von Jahrgang 1 in den folgenden Jahren auszugleichen. Diese Einordnung der Autoren wird spätestens verständlich, wenn man einen Blick auf die Bildungsstandards der unterschiedlichen Schulstufen wirft (s. z. B. KMK (2004) für den Mittleren Schulabschluss, KMK (2005) für die Grundschule). In allen curricularen Vorgaben für das Fach Mathematik finden sich inzwischen allgemeine (oder prozessbezogene) mathematische Kompetenzen fest verankert: Es sollen u. a. Begründungen formuliert, Probleme aus der Lebenswelt der Lernenden bearbeitet und unterschiedliche Darstellungen mathematischer Sachverhalte ineinander überführt werden. Dabei ist die Sprache als zentrales Medium für das Mathematiktreiben und -lernen nicht wegzudenken. Wer aber aufgrund nicht hinreichend entwickelter Fähigkeiten in der Unterrichtssprache Deutsch an solchen Prozessen nur eingeschränkt teilhaben kann, wird in seinen individuellen Bedeutungskonstruktionen vermutlich grundlegende Schwierigkeiten haben. Die Studie SOKKE sensibilisiert für diese inhaltliche Differenzierung im weiten Feld der Schulmathematik: Während Kinder mit Migrationshintergrund kalkülorientierte Aufgaben ähnlich gut meistern wie Kinder ohne Migrationshintergrund, zeigen sie vor allem im Bereich der Begriffsentwicklung, Vorstellungskonstruktion und Einübung in den konventionalisierten Gebrauch mathematischer Darstellungen besondere Schwierigkeiten.

4.2 Einflussfaktor Sprachkompetenz

„ZP 10-Mathematik" ist die Abkürzung für die Zentrale Prüfung im Fach Mathematik am Ende von Jahrgang 10, welche von Lernenden mit dem Ziel des mittleren Schulabschlusses in schriftlicher Form absolviert und von ihren jeweiligen Lehrkräften bewertet wird. Es sind schriftliche Daten aus der „ZP 10-Mathematik" des Jahres 2012 aus dem Bundesland Nordrhein-Westfalen, welche die wesentliche Grundlage für ein Forschungsprojekt von Prediger et al. (2015) zur Frage nach dem Zusammenhang von Sprachkompetenz und Mathematikleistung darstellen (vgl. auch Wilhelm 2016).

Insgesamt umfasste die Stichprobe 1495 Lernende, von denen 1066 auch die Zentrale Prüfung im Fach Deutsch (ZP 10-Deutsch) schrieben (s. Prediger et al. 2015, S. 85). Die Gesamtstichprobe wird als leistungsrepräsentativ für die nichtgymnasiale Zielgruppe angesehen. Zusätzlich zu den Leistungsdaten aus der ZP 10-Mathematik haben die Autoren weitere Daten erhoben und in ihre Analysen einbezogen: Es wurden, sofern vorhanden, die Ergebnisse in den 14 Items zum Leseverstehen aus der ZP 10-Deutsch betrachtet und es wurden im Vorfeld der Prüfungen mit einem Fragebogen Selbstauskünfte seitens der Schüler bezüglich eines Migrationshintergrundes, des sozioökonomischen Status ihrer Familien (erfasst über die Anzahl der Bücher zu Hause) und des Zeitpunkts ihres Deutscherwerbs eingeholt. Außerdem wurde die Sprachkompetenz mit einem C-Test erfasst, der fünf „bildungssprachlich anspruchsvolle" Texte umfasste und auf diese Weise auch lexikalisch-semantische und grammatikalische Charakteristika des Registers Bildungssprache berücksichtigte (s. Prediger et al. 2015, S. 84). Schließlich wurden 47 Bearbeitungsprozesse von je ein bis zwei Lernenden in einem klinischen Interview begleitet und gefilmt.

Auf dieser breiten Datengrundlage wurde in einem Mixed-Methods-Design folgenden drei Forschungsfragen nachgegangen:

1   „Welche sozialen und sprachlichen Hintergrundfaktoren haben den stärksten Zusammenhang zur Mathematikleistung in den Zentralen Prüfungen 10?
2   Bei welchen Items haben viele Lernende Schwierigkeiten, bei welchen besonders die sprachlich schwachen Lernenden?
3   Welche Hürden zeigen sich bei den für viele Lernende schweren Items und bei den für sprachlich Schwache besonders schweren Items?" (Prediger et al. 2015, S. 82).

Für die Beantwortung der ersten Forschungsfrage nach dem Zusammenhang von Hintergrundfaktoren und Mathematikleistung wurden Varianz-, Regressions- und Kovarianzanalysen durchgeführt. Für die zweite Forschungsfrage nach den absoluten und relativen Schwierigkeiten wurde in DIF-Analyse untersucht, welche Items für die Hälfte der sprachlich schwachen Lernenden (Kriterium: Abschneiden im C-Test) „statistisch unerwartet schwierig" waren. Dabei werden theoretisch zu erwartende Schwierigkeitswerte mit den beobachtbaren Schwierigkeitswerten der Gruppe verglichen und in dem sog. DIF-Wert ausgedrückt. Für die dritte Forschungsfrage wurden die als relativ schwer identifizierten Items in einer repräsentativen Teilstichprobe genauer analysiert. Die Schülerdokumente wurden dafür im Hinblick auf die Bewältigung zentraler Bearbeitungsschritte codiert. Die unterschiedlichen Leistungen in der Bewältigung dieser Schritte wurden in Form von Drop-out-Raten quantifiziert und in einem Vergleich zwischen der sprachlich schwachen und der sprachlich starken Hälfte betrachtet (s. Prediger et al. 2015, S. 86 f.).

Ein zentrales Ergebnis dieses Forschungsprojekts ist, dass die Sprachkompetenz, die im Sinne der Autoren weit mehr als die rein rezeptive Lesekompetenz oder die sprachlichen Hintergründe der Lernenden umfasst und beispielsweise auch Aspekte der Sprachproduktion beinhaltet, den stärksten Zusammenhang mit der Mathematikleistung in der Zentralen Prüfung aufweist. Dieses Ergebnis als Antwort auf die erste Forschungsfrage erscheint umso bemerkenswerter, wenn man sich vergegenwärtigt, dass die Sprachkompetenz damit einen stärkeren Zusammenhang mit der Mathematikleistung aufweist als etwa der sozioökonomische Hintergrund, ein Migrationshintergrund oder der Zeitpunkt des Deutscherwerbs. Die Kovarianzanalysen zeigen, dass der sozioökonomische Status bei Kontrolle der Sprachkompetenz keinen signifikanten Beitrag zur Aufklärung der Varianz in den Prüfungsdaten leistet. Die Autoren bieten als eine plausible Erklärung an, dass der Einfluss des sozioökonomischen Status möglicherweise vor allem über Unterschiede in der Sprachkompetenz wirkt (s. Prediger et al. 2015, S. 90). Interessant ist in diesem Zusammenhang auch, dass der Zeitpunkt des Deutscherwerbs selbst bei Kontrolle der Sprachkompetenz einen signifikanten Einfluss auf die Mathematikleistung zeigt. Hier wird vermutet, dass Lernende, die im 10 Schuljahr zwar eine vergleichbare Sprachkompetenz entwickelt haben, aber zu unterschiedlichen Zeitpunkten mit dem Erwerb der Unterrichtssprache Deutsch begonnen haben, möglicherweise in früheren Schuljahren bestimmte mathematische Kompetenzen in unterschiedlicher Qualität erworben haben (s. Prediger et al. 2015, S. 90). So könnten die Ergebnisse also als ein weiterer Hinweis darauf gedeutet werden, dass eine adäquate Beherrschung der Unterrichtssprache eine wichtige Voraussetzung für eine erfolgreiche Entwicklung mathematischer Kompetenzen ist (s. Abschn. 4.1). Dabei betonen die Autoren, dass weiterhin von einer sozialen Benachteiligung zu sprechen ist, „weil Sprachkompetenz gemäß breit akzeptierter soziolinguistischer Befunde stark von familiär bedingten Lerngelegenheiten abhängt und somit ein soziales Phänomen ist" (Prediger et al. 2015, S. 99).

Ein weiteres wichtiges Ergebnis der Studie ist die Spezifizierung konkreter sprachlich bedingter Hürden als Antwort auf die dritte Forschungsfrage. Hier ergaben sich vier Kategorien von Hürden, die einige Items schwierig bzw. besonders schwierig für sprachlich schwache Lernende machen (Prediger et al. 2015, S. 87):

- Lesehürden: Die Lernenden haben Schwierigkeiten, den Aufgabentext sinnentnehmend zu lesen und in angemessener Weise zum Ausgangspunkt der eigenen Bear-

beitung zu machen. Diese Hürde zeigt sich sehr früh im Bearbeitungsprozess, da das Lesen der Aufgabe zumeist als erster Schritt vollzogen wird.
- Konzeptuelle Hürden: Konzeptuelle Hürden können in Prozessschritten identifiziert werden, die ein konzeptuelles Verständnis erfordern, z. B. die Aktivierung angemessener Grundvorstellungen. Hürden dieser Kategorie sind häufig eng mit Lesehürden verknüpft, da meist bereits beim Erfassen der Aufgabe bestimmt wird, worum es aus mathematischer Perspektive geht.
- Prozessuale Hürden: Prozessuale Hürden können sich zeigen, wenn eine Aufgabe kognitiv anspruchsvolle Prozessschritte verlangt. Dann kann es Lernenden schwerfallen, den Bearbeitungsprozess als Ganzes im Blick zu behalten und in sinnvollen Schritten das Ziel zu erreichen.
- Rechnerische Hürden: Mit rechnerischen Hürden sind solche Schwierigkeiten gemeint, die sich ausschließlich auf die innermathematische Bearbeitung einer Aufgabe beziehen. Hürden dieser Kategorie waren für sprachlich schwache Lernende aber nicht bedeutender als für sprachlich starke Lernende. Daher gehen die Autoren nicht näher auf sie ein.

Diese empirisch fundierte Kategorisierung verdeutlicht, dass sprachlich bedingte Hürden im Mathematikunterricht mehr umfassen (können) als die rein rezeptive Lesekompetenz. Verfügen Lernende nicht über die erforderliche Sprachkompetenz, kann vermutet werden, dass sie in ihrer Entwicklung eines konzeptuellen Verständnisses mathematischer Objekte eingeschränkt sind. Dieses Ergebnis, welches hier an schriftlichen Prüfungen in Jahrgang 10 erarbeitet wurde, deckt sich mit Einsichten aus dem Grundschulbereich (s. Abschn. 4.1).

Die Studie von Prediger et al. (2015) verdeutlicht insgesamt, dass es nicht ein Migrationshintergrund oder ein sozioökonomischer Status an sich ist, der die Mathematikleistung negativ beeinflussen kann, sondern dass es dabei ganz wesentlich auf einen vermittelnden Faktor ankommt: die Sprachkompetenz in einem weiten Sinne. Damit ist abseits bildungs- und sozialpolitischer Fragen gleichsam ein *„didaktisch höchst relevanter Angriffspunkt zur Reduktion sozialer Ungleichheit"* identifiziert (Prediger et al. 2015, S. 99, Hervorhebung im Original). Denn auf sprachliche oder soziale Hintergründe ihrer Lernenden haben Lehrkräfte keinen oder nur minimalen Einfluss, auf die Sprachkompetenz aber sehr wohl. Wenn sich nun die Sprachkompetenz als wichtigster Einflussfaktor zeigt, so sind Mathematiklehrkräfte in besonderer Weise gefordert, ihren Unterricht sprachsensibel zu gestalten, über die Sprache als Medium im Unterricht gut informiert zu sein und ihre Lernenden in der fortwährenden Weiterentwicklung ihrer sprachlichen Kompetenzen zu unterstützen. Dabei geht es nicht um eine Sprachförderung um der Sprache willen, sondern um eine Sprachförderung, die in den Fachunterricht integriert wird und fachlichen Lehrzielen stets verpflichtet ist (s. Kap. 6; vgl. auch Reich 1989).

4.3 Einflussfaktor Kontextbedingungen

Im Kap. 2 wurde bereits die Kontextabhängigkeit der Verwendung von Sprache thematisch. In Abhängigkeit von gewissen Kontexten werden gewisse Sprachtypen eher verwendet als in anderen. Wenn wir beispielsweise mit Freunden sprechen, die keine Mathematiker sind, so vermeiden wir zumeist fachsprachliche Ausdrücke. In den Kap. 5 und 6 wird (dort ausführlicher) entsprechend der Theorie der subjektiven Erfahrungsbereiche nach Bauersfeld (1983) betont, dass mathematisches Wissen immer mit einem gewissen Erfahrungshintergrund verbunden ist. Wenn ein Kind beispielsweise in der Lage ist, den Preis von zwei Kaugummis zu bestimmen, so bedeutet dies noch nicht, dass dieses Kind in der Lage ist, eine entsprechende symbolische Rechnung ohne Kontextbezüge zu lösen. Trivialer ausgedrückt: Eine Person, die keine Bezüge zu Köln hat, könnte Probleme haben, eine Aufgabe zu lösen, in der „Himmel und Erde" (bzw. „Himmel un Ääd") vorkommt. Entsprechend den Betrachtungen von Bauersfeld (1983) spielen dabei nicht nur die Erfahrungen in dem betreffenden Kontext eine Rolle, sondern auch die Emotionen, die man dabei erlebt bzw. erlebt hat.

Nach der Auffassung von Bakhtin (1981) ist die Sprache in der Interaktion inhärent. Alle Worte, die wir sprechen oder schreiben, stammen von vorherigen Erfahrungen mit diesen Worten und mit der Sprache selbst, dies insbesondere auf der Basis der ersten Interaktionserfahrungen, in denen diese Worte verwendet wurden und an denen wir teilhatten. Ausgehend hiervon argumentiert der Autor, dass es kein formales Modell einer reinen Sprache geben kann.

Bakhtin betont auf dieser Basis die Vielschichtigkeit des Sprachgebrauches, wobei er die soziale Diversität von Sprachtypen (Bakhtin 1981, S. 263), welche auch als „Heteroglossia" übersetzt wurde, in den Vordergrund der Betrachtungen rückt. Der Begriff Mehrsprachigkeit, und insbesondere die Vorstellung von Sprachen als voneinander klar abgegrenzte Entitäten, wird damit quasi abgelöst. Mit der Fokussierung auf Sprach- und Redevielfalt wird der Schwerpunkt auf unterschiedliche sozialideologisch geprägte Diskurse gelegt. Unterschiedliche individuelle Stimmen werden betrachtet, ebenso wie sprachliche Mittel thematisiert werden, die auf unterschiedliche geografische, soziale und historische Räume verweisen.

Heteroglossia taucht in jedem Klassenraum auf, insofern hier verschiedene Sprachen und soziale Hintergründe identifiziert werden können: Die Sprache des Curriculums, die Sprache des (mathematischen) Inhaltes, der Lehrperson, der Schüler, der Schule, des Elternhauses, der Nachbarschaft, des Freundeskreises etc. (s. Barwell et al. 2016). In jedem dieser Kontexte werden relativ stabile Typen von Sprache ausgebildet (Bakhtin 1981, S. 121). In jeder Situation der Sprachnutzung wird dabei auf alte Nutzungen der entsprechenden Worte zurückgegriffen. Die Worte offenbaren dann einen Teil der Historie der Entwicklung des Individuums. Bakhtin (1981, S. 121) spricht in diesem Zusammenhang von einer „Multivoicedness", insofern die Sprachhistorie auch auf der Sprachnutzung anderer Personen – und somit anderer Stimmen – basiert. Dieser Aspekt lässt sich wiederum mit den Betrachtungen der subjektiven Erfahrungsbereiche nach Bauersfeld (s. oben) vergleichen: Vergangene Erfahrungen bestimmen das Wissen der Personen. Als „linguistic diversity" bezeichnet Bakhtin schließlich die verschiedenen Sprachen, die sich als ein Produkt sozialer Entwicklungen ausgebildet haben – seien dies die verschiedenen Landessprachen (wie Deutsch, Englisch oder Türkisch) oder die verschiedenen Sprachregister.

Auf der Grundlage dieser Aufzählung der einzelnen Faktoren wird ersichtlich, dass Sprache auch immer eine politische Dimension hat (s. Gee 1999; Gutstein 2007; Setati 2005). Setati (u. a. 2005, 2006) zeigt an diversen empirischen Beispielen, dass die politische Dimension auch für den Sprachgebrauch von Lehrpersonen eine besondere Rolle einnimmt. Dies wird insbesondere auf der Basis des (süd-)afrikanischen Hintergrundes ihrer Studien ersichtlich: Die Schüler sowie die Lehrpersonen sprechen in der Regel mehr als vier Sprachen gleichzeitig. Die offizielle Unterrichtssprache ist hingegen Englisch und somit eine Sprache, die nicht zu den üblichen Sprachen im Elternhaus gehört. Die Lehrpersonen befinden sich somit in der Spannung der Wahl zwischen der offiziell vorgegebenen Unterrichtssprache einerseits und einer Sprache, mit der die Lernenden beispielsweise als Muttersprache vertrauter sind, andererseits. Die Wahl der Sprache Englisch wird häufig von den Lehrpersonen präferiert, insofern diese Sprache soziale und ökonomische Vorteile für die Lernenden mit sich bringt. Epistemologisch orientierte Argumente zielen hingegen auf die Muttersprachen der Lernenden (vgl. Setati 2006). Dass vergleichbare Spannungen beispielsweise hinsichtlich der Wahl verschiedener Sprachen bzw. Sprachregister auch in einem Mathematikunterricht in Deutschland auftreten – wenngleich weniger politisch geprägt –, wird Inhalt der folgenden Betrachtungen sein.

4.4 Einflussfaktor Umgang mit Spannungen

Ein adäquater Sprachgebrauch im Klassenzimmer wird von verschiedenen Strömungen beeinflusst und stellt die Akteure, sowohl die Lehrenden wie auch die Lernenden, somit vor gewisse Spannungen, mit denen sie umzugehen haben. Der Umgang mit diesen Spannungen (ob bewusst oder nicht) beeinflusst wiederum wesentlich den Sprachgebrauch im Unterricht. Barwell (2011) berichtet, u. a. auf der Grundlage der Überlegungen von Bakhtin (s. Abschn. 4.3), insbesondere von den folgenden Spannungen:

Spannung 1: Zwischen Mathematik und Sprache. In nahezu allen Klassenzimmern befinden sich Lernende mit einem Migrationshintergrund. Sie lernen nicht notwendig nur die fachlichen Inhalte der Mathematik, sondern auch die Unterrichtssprache selbst. Beispielsweise müssen Lernende in Deutschland Deutsch, Lernende in England Englisch oder Walisisch, Lernende in Kanada Englisch oder Französisch lernen.

Sowohl für die Lernenden als auch für die Lehrperson ergibt sich hierdurch eine Spannung hinsichtlich ihrer Fokussierung während mathematischer Aktivitäten oder Diskussionen: Wann ist auf den Inhalt der Diskussion und wann auf die innerhalb derselben verwendete Sprache zu achten? Welche Ausdrücke könnten den Lernenden mit Migrationshintergrund bekannt sein bzw. welche eher nicht? In einigen Situationen, wie bei-

4.4 Einflussfaktor Umgang mit Spannungen

spielsweise dem ersten Beispiel zu Beginn dieses Buches (Abschn. 1.1), mag deutlich sein, dass zunächst die Bedeutung der Worte (dort: „Nachfolger") selbst zu fokussieren ist. In anderen Situationen, wie beispielsweise im zweiten Beispiel zum Graphen einer Potenzfunktion (s. Abschn. 1.1; s. auch Khisty 1995 und Moschkovich 1999), ist die Entscheidung, ob der sprachliche Ausdruck oder der mathematische Inhalt zunächst zu fokussieren ist, hingegen weit weniger einfach.

Spannung 2: Zwischen Fach- und Alltagssprache. In einem Mathematikunterricht, in dem sich Lernende mit verschiedenen Mutter- oder Familiensprachen befinden, sind insbesondere die alltagssprachlichen Ausdrücke der Lernenden ein sinnvoller Weg, sich die mathematischen Zusammenhänge selbstständig zu erarbeiten. Dies wurde bereits unter Berücksichtigung der Überlegungen von Wagenschein (s. Abschn. 2.5), welcher sogar fordert, dass die Lernenden Erarbeitungsprozesse in der Alltagssprache realisieren, deutlich (vgl. weiterhin Setati und Adler 2000; Clarkson 2009). Dass der Gebrauch der Alltagssprache in Situationen der eigenständigen Erarbeitung mathematischer Inhalte jedoch nicht notwendig unproblematisch ist, zeigte die Betrachtung des Begriffs „Sprache unter kognitiver Belastung" (s. auch Kap. 5). Auf der anderen Seite müssen die Lernenden jedoch auch in die Lage versetzt werden, an späteren mathematischen Diskussionen teilzuhaben, sodass der Gebrauch der Fachsprache wichtig ist. Die Lösung dieser Spannung besteht zumeist in einer Art Aushandlung: Ein gewisser Anteil alltagssprachlicher Ausdrücke sollte erlaubt sein, um das gemeinsame Erarbeiten der mathematischen Inhalte zu ermöglichen, während sukzessiv fachsprachliche Ausdrücke fokussiert werden müssen.

Diese Spannung besteht aber natürlich nicht ausschließlich für die Lernenden, sondern auch für die Lehrenden, wenn diese etwas erklären wollen: Sollte der mathematische Inhalt zur Betonung eines fachsprachlichen Umgangstones möglichst adäquat erklärt werden oder unter der Prämisse eines inhaltlichen Verstehens eher mittels einer Sprache, welche die Lernenden (leichter) verstehen?

Spannung 3: Zwischen Mutter- und Unterrichtssprache. Die Untersuchungen in Kap. 5 beschäftigen sich mit der Frage, ob Lernende mit Migrationshintergrund in der Lage sind, mathematische Zusammenhänge in ihrer nichtdeutschen Muttersprache zu erarbeiten. Es konnte nachgewiesen werden, dass dies insbesondere dann möglich ist, wenn die Muttersprache eine gewisse Wertschätzung erfährt. Die Ergebnisse bestätigen dabei diejenigen aus anderen Ländern.

Bei einer monolingualen Lehrperson hätte eine solche Praxis die Konsequenz, dass sich die Lernenden in den Phasen außerhalb des direkten Einflusses der Lehrperson befänden und diese somit einen Teil ihrer Kontrolle verlieren würden.

Mit den hier vorgestellten (und auch weiteren) Spannungen in den konkreten Situationen umzugehen, ist in der Praxis nicht immer einfach. Generelle Lösungen wird es hierfür nicht geben (können), sodass entsprechende Ansätze der Realisierung immer auch Mittelwege einzunehmen haben. Entscheidend hierfür ist der bewusste Umgang mit solchen Spannungen.

Literatur

Bakhtin, M.M.: Teaching mathematics in multilingual classrooms. Kluwer, Dodrecht (1981)

Barwell, R.: Centripetal and centifugal forces in multilingual mathematics classrooms. In: Setati, M., Nkambule, T., Goosen, L. (Hrsg.) Proceedings of the ICMI Study 21 conference: Mathematics Education an language diversity. ICMI, Sao Paulo (2011)

Barwell, R., Chapsam, L., Nkambule, T., Setati Phankeng, M.: Tensions in teaching mathematics in contexts of language diversity. In: Barwell, R., Clarkson, P.C., Halai, A., Kazima, M., Moschkovich, J., Planas, N., Setati-Phakeng, M., Valero, P., Villavicencio Ubillús, M. (Hrsg.) Mathematics Education an Language Diversity. The 21st ICMI Study. Springer, Heidelberg (2016)

Bauersfeld, H.: Subjektive Erfahrungsbereiche als Grundlage einer Interaktionstheorie des Mathematiklernens und -lehrens. In: Bauersfeld, H. (Hrsg.) Analysen zum Unterrichtshandeln, S. 1–56. Aulis, Köln (1983)

Cattell, R.B., Weiß, R.H., Osterland, J.: Grundintelligenztest CFT-1 – Skala 1. Hogrefe, Göttingen (1997)

Clarkson, P.C.: Mathematics teaching in Australian multilingual classrooms. Developing an approach to the use of classroom languages. In: Barwell, R. (Hrsg.) Multilingualism in mathematics classrooms: Global perspectives, S. 145–160. Multilingual Matters, Bristol (2009)

Gee, J.P.: An introduction in discourse analysis. Theory and method. Routledge, London (1999)

Gutstein, E.: Multiple language use and mathematics: Politicizing the discussion. Educ Stud Math **64**, 243–246 (2007)

Heinze, A., Herwartz-Emden, L., Reiss, K.: Mathematikkenntnisse und sprachliche Kompetenz bei Kindern mit Migrationshintergrund zu Beginn der Grundschulzeit. Zeitschrift Für Pädagogik **53**(4), 562–581 (2007)

Heinze, A., Herwartz-Emden, L., Braun, C., Reiss, K.: Die Rolle von Kenntnissen der Unterrichtssprache beim Mathematiklernen. Ergebnisse einer quantitativen Längsschnittstudie in der Grundschule. In: Prediger, S., Özdil, E. (Hrsg.) Mathematiklernen unter Bedingungen der Mehrsprachigkeit. Stand und Perspektiven der Forschung und Entwicklung in Deutschland, S. 11–34. Waxmann, Münster (2011)

Hobusch, A., Lutz, N., Wiest, U.: Sprachstandsüberprüfung und Förderdiagnostik für Ausländer- und Aussiedlerkinder (SFD). Persen, Horneburg (2002)

Khisty, L.L.: Making inequality: Issues of language and meaning in mathematics teaching with Hispanic students. In: Secada, W., Fennema, E., Adajian, L.B. (Hrsg.) New directions for equity in mathematics education, S. 279–297. Cambridge University Press, Cambridge (1995)

KMK: Bildungsstandards im Fach Mathematik für den Mittleren Schulabschluss. Beschluss vom 4.12.2003. München, Luchterhand (2004)

KMK: Bildungsstandards im Fach Mathematik für den Primarbereich. Beschluss vom 15.10.2004. München, Luchterhand (2005)

Krajewski, K., Küspert, P., Schneider, W.: DEMAT 1+, Deutscher Mathematiktest für erste Klassen. Beltz-Test, Göttingen (2002a)

Krajewski, K., Liehm, S., Schneider, W.: DEMAT 2+, Deutscher Mathematiktest für zweite Klassen. Beltz-Test, Göttingen (2002b)

Merkens, H.: Erfolg und Misserfolg von Kindern mit Migrationshintergrund beim Spracherwerb in der Grundschule. In: Hagedorn, J., Schurt, V., Steber, C., Waburg, W. (Hrsg.) Ethnizität, Geschlecht, Familie und Schule. Heterogenität als erziehungswissenschaftliche Herausforderung, S. 33–54. Verlag für Sozialwissenschaften, Wiesbaden (2010)

Moschkovich, J.: Supporting the participation of English language learners in mathematical discussions. Learn Math **19**(1), 11–19 (1999)

Mücke, S., Schründer-Lenzen, A.: Zur Parallelität der Schulleistungsentwicklung von Jungen und Mädchen im Verlauf der Grundschule. In: Rendtorff, B., Prengel, A. (Hrsg.) Kinder und ihr Geschlecht, S. 137–146. Leske + Budrich, Opladen (2008)

Prediger, S., Wilhelm, S., Büchter, A., Gürsoy, E., Benholz, C.: Sprachkompetenz und Mathematikleistung – Empirische Untersuchung sprachlich bedingter Hürden in den Zentralen Prüfungen 10. J Für Math **36**(1), 77–104 (2015)

Reich, H.H.: Wege zu einem sprachsensiblen Fachunterricht. Deutsch Lernen **14**(2–3), 131–152 (1989)

Roick, T., Gölitz, D., Hasselhorn, M.: DEMAT 3+, Deutscher Mathematiktest für dritte Klassen. Beltz-Test, Göttingen (2004)

Setati, M.: Teaching mathematics in a primary multilingual classroom. J Res Math Educ **5**, 447–466 (2005)

Setati, M.: Access to mathematics versus access tot he language of power. In: Novotná, J., Moraová, H., Krátká, M., Stehliková, N. (Hrsg.) Proceedings 30th Conference of the International Group for the Psychology of Mathematics Education, Bd. 5, S. 97–104. PME, Prag (2006)

Setati, M., Adler, J.: Between languages and discourses: Language practices in primary multilingual mathematics classrooms in South Africa. Educ Stud Math **43**(3), 243–269 (2000)

Wilhelm, S.: Zusammenhänge zwischen Sprachkompetenz und Bearbeitung mathematischer Textaufgaben. Quantitative und qualitative Analyse sprachlicher und konzeptueller Hürden. Springer, Wiesbaden (2016)

Mehrsprachigkeit im Mathematikunterricht 5

Zusammenfassung

In den vorhergehenden Kapiteln wurde thematisiert, welche bedeutende Rolle und welche Funktionen der Sprache zum Lernen von Mathematik zukommen. Bei all den dort aufgezeigten Aspekten ist jedoch stets zu bedenken, dass die Sprache im Unterricht in der Regel Deutsch ist (es sei hier abgesehen von Randerscheinungen wie Privatschulen, bilingualer Unterricht u. Ä.). Deutschland lässt sich wie viele andere Länder der Europäischen Union zu den Einwandererländern zählen. Dies äußert sich dann auch in den entsprechenden Zahlen: In Deutschland haben aktuell ca. 20 % der Schüler der Primarstufe und der Gesamtschule eine andere Erstsprache als die Unterrichtssprache Deutsch. Bei den Hauptschülern handelt es sich sogar um ca. 25 % (die Prozentangaben stammen aus dem einwohnerreichsten Bundesland NRW, s. IT.NRW 2012, S. 2 bzw. Chlosta und Ostermann 2008), wobei diese Zahl angesichts der aktuellen Situation eher als zunehmend anzunehmen ist. Bei deutlichen regionalen Unterschieden hinsichtlich dieser Zahl ist es aktuell kaum eine Seltenheit, dass die Lernenden in einem Klassenzimmer vier oder mehr verschiedene Erstsprachen aufweisen und gemeinsam zu unterrichten sind. Diese Zahlen und die Bedeutung der Sprache für das Lernen von Mathematik verdeutlichen die Sinnhaftigkeit der Beschäftigung von Lehramtsstudierenden mit dem Thema „Deutsch für Schülerinnen und Schüler mit Zuwanderungsgeschichte ... für alle Lehrämter" (MIK NRW 2009, § 11, Absatz 7), wie es durch das Lehramtsausbildungsgesetz vorgeschrieben wird. Diese Forderung wird gestützt von der „Charter of Fundamental Rights of the European Union" (Council of Europe 2000, Artikel 21), mittels der die Nichtdiskriminierung anderer Kulturen, Religionen und Sprachen garantiert werden soll.

Hinsichtlich der Berücksichtigung von Mehrsprachigkeit im Mathematikunterricht in Kernlehrplänen und Bildungsstandards findet sich eine Bemerkung aktuell lediglich in den Bildungsstandards für das Abitur:

> Bei der Umsetzung der Bildungsstandards im Unterricht muss jedoch selbstverständlich die Heterogenität der Schülerinnen und Schüler berücksichtigt werden, die unter anderem mit ihrem sozialen und kulturellen Hintergrund, ihrer Herkunftssprache und ihrem Geschlecht verbunden ist. Ziel sollte sein, mithilfe geeigneter Strategien der Planung und Gestaltung des Unterrichts und schulischer Unterstützungsangebote die Voraussetzungen zu schaffen, dass Schülerinnen und Schüler unabhängig von ihrer Herkunft die Bildungsstandards in der Regel erreichen können (KMK 2012, S. 4).

Internationale Vergleichsstudien zeigen, dass es dem deutschen Schulsystem noch nicht befriedigend gelungen ist, diesen Lernenden adäquate Mathematikleistungen zu ermöglichen, wenngleich sich die Differenzen der Leistungen zwischen ihnen und denjenigen ohne Migrationshintergrund reduziert zu haben scheinen (OECD 2007, S. 120, 2013, Tab. II.3.4b). Dies kann auch als eine Erklärung der Forderung nach gezielterer Förderung der deutschen Sprachkenntnisse in allen Fächern angesehen werden (z. B. im Nationalen Integrationsplan, Bundesregierung 2010, S. 47–60).

In diesem Kapitel werden zunächst die Implikationen dieses Phänomens hinsichtlich des Lernens von Mathematik diskutiert. Anschließend wird eine eigene Studie zur Nutzung einer Erstsprache, die nicht der Unterrichtssprache entspricht, etwas ausführlicher dargestellt. Hierbei werden zugleich verschiedene Funktionen aufgezeigt, die zeigen, zu welchem Zweck Lernende ihre Erstsprache beim Erarbeiten mathematischer Inhalte nutzen und unter welchen Bedingungen der Erstspracheeinsatz produktiv hinsichtlich des Lernens von Mathematik sein kann.

5.1 Potenziale von Mehrsprachigkeit für Lernprozesse

Ist von einer anderen Erstsprache, von Migration oder von Mehrsprachigkeit die Rede, so wird zunächst die Funktion von Sprache als Lernhindernis oder -herausforderung offensichtlich: Denn wie schon thematisiert hängen mathematische Begriffe auch hinsichtlich ihrer Explikation zusammen. Betrachten wir als Beispiel die bereits oben aufgeführte thematische Definition des Begriffes „arithmetisches Mittel":

$\bar{x}$ heißt arithmetisches Mittel der für ein quantitatives Merkmal gegebenen Daten $a_1, \ldots, a_n :\Leftrightarrow \bar{x}$ ist der Quotient von Summe und Anzahl der Daten.

Wie auch bei anderen Definitionen wird hier deutlich, dass zur Klärung eines neuen Fachwortes bereits bekannte Fachbegriffe vorausgesetzt werden (Quotient, Summe usw.). Mathematische Fachwörter bauen entsprechend teilweise aufeinander auf und bedingen sich dann im Lernprozess auch auf sprachlicher Ebene gegenseitig. Anders formuliert: Wer mit dem Wort „Summe" keine inhaltliche Bedeutung zu verbinden weiß, z. B. weil die Erstsprache der Person nicht der Unterrichtssprache entspricht, kann mit der gesamten obigen Definition (vermutlich sogar mit der Unterstützung der formalen Darstellung) ebenso nichts verbinden. Verstehen Lernende bestimmte Begriffe im Mathematikunterricht nicht und können sich diese zudem nicht (ansatzweise) aus ihrer Alltagssprache herleiten, etwa weil die Unterrichtssprache nicht ihrer Erstsprache entspricht, so sind Probleme nicht nur bei aktuellen, sondern auch bei zukünftigen Unterrichtsinhalten zu vermuten. Ein Beispiel hierzu zeigt die Bearbeitung von Güliz (s. Abschn. 1.1). Das skizzierte Problem mag sich unter Verwendung bestimmter Methoden (Wechsel von Darstellungsebenen, Wortspeicherarbeit ... – s. unten) beheben lassen, wenn problematische Begriffe zum Thema des Unterrichts werden. Allerdings ist hiermit wiederum Aufwand verbunden.

Diesem negativen Aspekt werden verschiedene Vorteile in der mathematikdidaktischen Literatur gegenübergestellt. In diesem Abschnitt soll der Frage nachgegangen werden, welchen produktiven Nutzen eine von der Unterrichtssprache abweichende Erstsprache für kollektive und individuelle Lernprozesse von Lernenden haben kann.

In diversen Studien finden sich Hinweise darauf, dass das Nutzen einer abweichenden Erstsprache den jeweiligen Schülern im Lernprozess helfen kann. Beispielsweise stellte Clarkson (2007) bei der Analyse mathematisch erfolgreicher Lernender einen (meta-)kognitiven Nutzen fest. Kern (1994) berichtet, dass Lernende, die noch nicht lange die jeweilige Unterrichtssprache sprechen, einen Vorteil davon haben, wenn sie sich die Aufgabe in ihre Erstsprache übersetzen, um sie dann zu lösen. Dieser Vorteil würde verschwinden, wenn die Lernenden länger an dem jeweiligen Unterricht teilgenommen hätten. Vergleichbare Ergebnisse finden sich auch bei Ellerton und Clarkson (1996), welche von der Relevanz der individuellen (Erst-)Sprache für das inhaltliche Verstehen mathematischer Ausdrücke und somit für das begriffliche Wissen sprechen.

Die aufgeführten Studien verdeutlichen, dass die Nutzung einer Erstsprache, die nicht der Unterrichtssprache entspricht, verschiedene produktive, kognitive Funktionen haben kann. Im Folgenden werden zunächst drei unterschiedliche Aspekte aufgezeigt, die verdeutlichen, inwiefern die Erstsprache eine produktive Ressource für das Lernen von Mathematik sein kann. Anschließend wird eine Studie beschrieben, die verdeutlicht, dass auch in Deutschland der Einsatz einer von der Unterrichtssprache abweichenden Erstsprache einen sinnvollen Einfluss auf das Lernen von mathematischen Inhalten haben kann.

5.1.1 Erstsprache als normative Ressource

Eine von der Unterrichtssprache Deutsch abweichende Erstsprache bietet das Potenzial, dass gewisse Inhalte des Mathematikunterrichts hierin womöglich verständlicher ausgedrückt werden. Ein einfaches Beispiel zeigt Tab. 5.1, in der die Zahlwörter in verschiedenen Sprachen thematisiert werden. Hierbei wird hinsichtlich der Bedeutung des Zahlwortes deutlich, wie unterschiedlich die wortgetreue Bedeutung des Zahlwortes in den verschiedenen Sprachen sein kann: Zum einen wird der Zehner zunächst thematisch, dann der Einer. Auch sind gelegentlich speziellere Zahlwörter (Beispiele: elf und zwölf in Deutsch) oder andere Zerlegungsbasen (z. B. zwanzig in Dänisch) vorhanden. Die Be-

Tab. 5.1 Zahlen durch Sprachen verstehen. (Meyer 2012, S. 44 f.)

Zahlwort in Deutsch	Bedeutung des deutschen Zahlwortes	Zahlwort in Dänisch	Bedeutung des dänischen Zahlwortes	Zahlwort in Französisch	Bedeutung des französischen Zahlwortes	Zahlwort in Türkisch	Bedeutung des türkischen Zahlwortes
0 null	0	nul	0	zéro	0	sıfır	0
1 eins	1	en	1	un	1	bir	1
2 zwei	2	to	2	deux	2	iki	2
3 drei	3	tre	3	trois	3	üç	3
4 vier	4	fire	4	quatre	4	dört	4
5 fünf	5	fem	5	cinq	5	beş	5
6 sechs	6	seks	6	six	6	altı	6
7 sieben	7	syv	7	sept	7	yedi	7
8 acht	8	otte	8	huit	8	sekiz	8
9 neun	9	ni	9	neuf	9	dokuz	9
10 zehn	10	ti	10	dix	10	on	10
11 elf	11	elleve	11	onze		on bir	10 + 1
12 zwölf	12	tolv		douze		on iki	
13 dreizehn	3 + 10	tretten		treize		on üç	10 + 3
16 sechzehn	6 + 10	seksten		seize		on altı	
17 siebzehn	7 + 10	sytten	7 + 10	dix-sept	10 + 7	on yedi	10 + 7
20 zwanzig	2 × 10	tyve		vingt		yirmi	
21 einundzwanzig	1 + 2 × 10	enogtyve	1 + 20	vingt et un	20 + 1	yirmi bir	
22 zweiundzwanzig	2 + 2 × 10	toogtyve		vingt-deux		yirmi iki	
23 dreiundzwanzig	3 + 2 × 10	treogtyve		vingt-trois		yirmi üç	
30 dreißig	3 × 10	tredive		trente	3 × 10	otuz	
50 fünfzig	5 × 10	halvtreds		cinqante	5 × 10	elli	
60 sechzig	6 × 10	tres	3 × 20	soixante		altmış	6 × 10
70 siebzig	7 × 10	halvfjerds		soixante-dix		yetmiş	
100 hundert	100	hundrede	100	cent		yüz	

handlung der Zahlwörter in den verschiedenen Sprachen kann somit zur Vertiefung des Aufbaus des Zahlsystems verwendet werden.

Aber nicht nur bei der Behandlung der natürlichen Zahlen kann sich ein Vorteil durch die Nutzung der Zahlwörter in verschiedenen Sprachen ergeben, sondern auch durch andere Bezeichnungen. Beispielsweise wird dem Zeichen „1/4" durch das Wort „ein Viertel" weniger inhaltliche Bedeutung beigemessen als durch die wörtliche Übersetzung des fachsprachlich Bezeichnenden in der türkischen Sprache: „eins in vier".

Die Thematisierung verschiedener Fachwörter, bedingt durch die verschiedenen Sprachen, vermag also einen vertieften inhaltlichen Zugang zur jeweiligen Bedeutung der Zeichen bzw. Symbole zu leisten, wenn die wortgetreue Übersetzung der Fachwörter näher an der jeweiligen Begriffsintension liegt. Weiterhin werden in den verschiedenen Sprachen auch unterschiedliche Begriffe verwendet, wie sich leicht an den Beispielen „km/h" bzw. „mph" und „Celsius" bzw. „Fahrenheit" bzw. „Kelvin" zeigt. Die Behand-

> Im Salzbergwerk Bad Friedrichshall wird Steinsalz abgebaut. Das Salz lagert 40 m unter Meereshöhe, während Bad Friedrichshall 155 m über Meereshöhe liegt. Welche Strecke legt der Förderkorb bis zur Erdoberfläche zurück?

Abb. 5.1 Salzbergwerk. (Kietzmann et al. 2000, S. 19)

lung der unterschiedlichen, jedoch vergleichbaren Begriffe kann bei ihrem Auftreten in Textaufgaben auch zu einer Erhöhung der Allgemeinbildung beitragen.

Ein wesentliches Merkmal der Fachwörter in der deutschen Sprache ist die Nutzung von Komposita. Betrachten wir hierzu die Aufgabe „Salzbergwerk" (s. Abb. 5.1). Diese Aufgabe stellte sich in dem Projekt „Mathematiklernen im Kontext sprachlich-kultureller Diversität" als besonders problematisch heraus (Gogolin et al. 2004). Dies wurde unter anderem an der Nutzung der Komposita deutlich: Die Probanden zerlegten die verschiedenen Wörter in ihre einzelnen Bestandteile und versuchten sie hierdurch zu erschließen (Kaiser und Schwarz 2009). Bei dieser Aufgabe waren Probleme bei Lernenden mit und ohne Migrationshintergrund zu beobachten. Entsprechend vermag auch hier die Nutzung anderer Sprachen zur Texterschließung nützlich sein. Der Grund für diese These besteht darin, dass es in den meisten anderen Sprachen keine Komposita gibt, sodass hier die Wörter eindeutigere Referenten haben.

5.1.2 Erstsprache als interaktive Ressource

In der mathematikdidaktischen Literatur wird aus diversen Ländern berichtet, dass sich eine Erstsprache, die nicht der offiziellen Unterrichtssprache entspricht, produktiv für das Lernen von Mathematik nutzen lässt (Beispiele in: Adendorff 1993; Adler 1998; Baker 1996; Clarkson 1991, 1992; Dawe 1983; Moschkovich 1999; Setati und Duma 1998; Setati und Adler 2000; einen Überblick ermöglicht Barwell 2009). Verschiedene Fallstudien zeigen, dass der Erstsprachegebrauch erweiterte Möglichkeiten der Partizipation im Unterrichtsgespräch liefern kann, insofern die Schüler in verschiedenen Momenten jeweils die Sprache nutzen konnten, mit der sie sich in der Situation am wohlsten fühlten. Beispiele hierzu bieten die Studien von Moschkovich (2007) in Kalifornien, von Setati und Duma (2009) in Südafrika sowie diejenige von Planas und Setati (2009; bzw. Gorgorió und Planas 2001) in Katalonien. In diesen Studien fiel auf, dass die Lernenden im Mathematikunterricht häufig zwischen verschiedenen Sprachen hin- und her wechselten, um sich austauschen zu können. Das Wechseln zwischen den Sprachen, bei dem eine mehrsprachige, zumindest bilinguale Person in der Interaktion von einer Sprache in eine andere wechselt bzw. ein Wort (einen Satz, eine Phrase) aus der einen Sprache für die aktuelle Interaktion in der anderen Sprache ausleiht, bezeichnet man als Code-Switching. Die Gründe für dieses Ausleihen können vielfältig sein und lassen sich nicht nur auf beschränkte Ausdrucksmöglichkeiten zurückführen (Moschkovich 2007). Der Wechsel zwischen den Sprachen dient in der Regel der Erweiterung der Interaktionsmöglichkeiten in den schulischen Lernprozessen.

Die Möglichkeit der produktiven Nutzung des Code-Switching ist an einige Bedingungen geknüpft. Die trivialste dieser Bedingungen ist, dass sich die verschiedenen Interaktanden gegenseitig verstehen, was in einer solchen Situation bedeutet, dass die Sprecher die beiden (oder mehrere) genutzten Sprachen in einem ausreichenden Maße verstehen müssen. Dies ist in den obigen Situationen gegeben: In Kalifornien (Moschkovich 2007) wird neben dem amerikanischen Englisch die Sprache Spanisch (wegen der Migranten aus Mexiko) geteilt. Vergleichbar ist die Situation in Katalonien (Katalanisch und Spanisch; Gorgorió und Planas 2001). In Südafrika teilen die Lernenden und die Lehrpersonen in der Regel gleich mehrere verschiedene Sprachen (Setati und Duma 2009). In all diesen Situationen lässt sich das Sprechen mehrerer Sprachen als Teil der nationalen Identität betrachten, sodass ein Wechsel zwischen den Sprachen nahezu problemlos ist. Vergleichsweise stellt sich die Situation in Einwandererländern, wie Deutschland eines ist, anders dar: Migrationsbewegungen haben eine Mischung diverser Sprachen und kultureller Hintergründe erzeugt (Gogolin 2010, S. 534). Vertovec (2007) bezeichnet diese Mischung pointiert mit dem Begriff „Super-Diversity". Die verschiedenen, zwischen allen Lernenden nicht geteilten Erstsprachen in der gesamten Klassengemeinschaft als eine produktive Ressource nutzen zu können, scheint auf den ersten Blick entsprechend nur schwierig realisierbar. In Abschn. 5.2 werden auf der Basis einer empirischen Studie einige Funktionen und Zwecke aufgezeigt, hinsichtlich derer Lernende ihre Erstsprache in Arbeitsphasen von gleichsprachigen Kleingruppen auch produktiv nutzen.

5.1.3 Erstsprache als kulturelle Ressource

In ihrer Studie konfrontierten Carraher et al. (1985) brasilianische Straßenkinder mit vergleichbaren Aufgaben in zwei verschiedenen Situationen: zunächst bei dem alltäglichen Verkauf von Kokosnüssen auf der Straße (die Kinder verkauften z. B. drei Kokosnüsse u. a. zu einem Stückpreis von $ 35), dann in der Schule a) als äquivalente Textaufgaben und b) als symbolische Rechenaufgaben. Während die Kinder in der ihnen bekannten Verkaufssituation 98,2 % der Aufgaben richtig lösten, betrug die Lösungsquote bei den Textaufgaben noch 73,7 %, bei den symbolischen Rechenaufgaben lediglich 36,8 %. Die Kinder konnten also in ihnen vertrauten Situationen Aufgaben besser berechnen.

Bauersfeld (1983) spricht von „subjektiven Erfahrungsbereichen" und bezeichnet hiermit die stete Verbindung mathematischen Wissens mit Kontexten. Lernende sind demnach eher in der Lage, Probleme mathematisch-inhaltlich zu bearbeiten, wenn sie den betreffenden Kontext kennen. Bauersfeld führt dabei ein Beispiel an, bei dem es einer Schülerin gelingt, Aufgaben zur Verteilung von Geldbeträgen zu lösen, während dies bei einer vergleichbaren, symbolisch präsentierten Aufgabe nicht gelingt. Er erklärt dieses Phänomen damit, dass bei der Schülerin die Fertigkeiten des Verteilens an einen Kontext des Umgangs mit Geld gebunden sind. Diese Bindung zwischen mathematischem Inhalt und dem

Kontext, in dem er zu verwenden ist bzw. verwendet wird, würde sich auch im Alter erhalten, zumal sich nur die Kontexte ausdifferenzieren und erweitern würden.

Die Vielfalt von Migrationshintergründen in einer Klasse geht nicht nur mit verschiedenen Erstsprachen, sondern auch mit verschiedenen (kulturellen) Kontexten, in denen zum Beispiel mathematische Inhalte erfahren werden, einher. Wenn aber nun die Kontexte für korrekte Aufgabenlösungen der Lernenden von Bedeutung sind, so kann sich die Vielfalt von kulturellen Hintergründen produktiv auswirken, zumal letztere verschiedene Kontexte mit in das Unterrichtsgeschehen einbringen. Diese Aspekte lassen sich hinsichtlich der Existenz eines Migrationshintergrundes nicht nur im Zuge des obigen Beispiels zu den Zahlen wiederfinden (s. Abb. 5.1), sondern zeigten sich auch in den Studien von Kern (1994, Frankreich) bzw. bei Barwell (2015, Kanada).[1]

5.2 Potenziale von Mehrsprachigkeit für individuelle Lernprozesse

Angesichts der Unterschiedlichkeit der landesspezifischen Situationen müssen Ansätze zum zweisprachigen Mathematikunterricht, die in anderen Ländern entwickelt und erprobt wurden, hinsichtlich der Übertragbarkeit auf die Bedingungen der spezifisch deutschen Situation untersucht werden.[2] Entscheidende Rahmenbedingungen bilden dabei die Sprachbiografien der zweisprachigen Schüler in Deutschland, von denen viele der zweiten und dritten Einwanderergeneration angehören. Viele beherrschen daher die deutsche Alltagssprache relativ gut, erreichen in der deutschen und muttersprachlichen Bildungssprache dagegen deutliche Grenzen (Cummins 1979; Gogolin 2010). Dies gilt insbesondere für die zum heutigen Zeitpunkt noch größte Gruppe zweisprachiger Kinder – diejenigen mit Erstsprache Türkisch. Aus pragmatischen Gründen wird im Folgenden auf diese Gruppe fokussiert.

In der im Folgenden beschriebenen Interviewstudie wurde zunächst unter Laborbedingungen untersucht, inwiefern türkisch-deutschsprachige Kinder der Klassen vier und sechs die Muttersprache beim Mathematiktreiben fruchtbar nutzen können. Konkret wurden mit der explorativen Fallstudie folgende Forschungsfragen verfolgt:

- Wie nutzen Lernende das Angebot, beim Bearbeiten mathematischer Aufgaben ihre Muttersprache nutzen zu dürfen bzw. zu sollen, und welche Gründe für die Reaktionen lassen sich rekonstruieren?
- Auf welche Weisen und für welche Zwecke nutzen sie die Muttersprache bei der Sprachrezeption und -produktion?

---

[1] Einen umfangreichen Theoriehintergrund hierzu bietet Bakhtin (1981) mit dem Begriff „Heteroglossia" (dazu auch Busch 2014).
[2] Die folgenden Ausführungen orientieren sich an den Veröffentlichungen Meyer und Prediger (2011) sowie Krägeloh und Meyer (2012).

- Welcher Nutzen ergibt sich jeweils für die mathematischen Bearbeitungsprozesse? Welche Grenzen zeigen sich, auch im Hinblick auf den spezifisch deutschen Sprachkontext?

5.2.1 Methodisches Vorgehen

Die zweisprachigen Settings der Interviews unterschieden sich hinsichtlich verschiedener Optionen der Türkischnutzung in Sprachrezeption und Sprachproduktion (s. Tab. 5.2): In der Sprachrezeption wurde eine Türkischnutzung auf freiwilliger Basis ermöglicht, indem in einigen Interviews die Aufgabenstellung in deutscher und türkischer Formulierung gleichzeitig an die Lernenden gegeben wurde. In anderen wurde sie am Ende forciert, indem zu Beginn nur mit der deutsch formulierten Aufgabenstellung gearbeitet wurde, um dann im nächsten Schritt den Text in Türkisch nachzuliefern und seine Betrachtung verpflichtend zu machen, etwa mit folgender Aufforderung: „Ich habe hier noch eine weitere Aufgabe bekommen, die sehr ähnlich aussieht. Allerdings kann ich die nicht lesen. Könnt ihr die auch bearbeiten?" Die Optionen zur Sprachproduktion variierten mit der Anwesenheit eines zweiten Interviewers, der selbst einen türkischen Hintergrund hatte, wobei in jeder Spalte die unteren Optionen der Tab. 5.2 die oberen jeweils miteinschließen: Ohne türkischsprachige Gesprächspartner wurde eine türkische Arbeitssprache untereinander zwar ermuntert (für die Erarbeitungsphasen), doch waren Erläuterungen an die Interviewerin stets auf Deutsch zu geben. Freiwillige türkische Sprachproduktion wurde auch durch die konsequente Anwesenheit eines türkischsprachigen Gesprächspartners ermöglicht, während die Forcierung der türkischen Sprachproduktion einen Kunstgriff erforderte: Ein türkischsprachiger Interviewer holte nach einer Weile die Interviewerin aus dem Raum und gab sich als „Hausmeister" mit Schwierigkeiten in Deutsch aus (zur Methode Selter und Spiegel 1997, S. 100 ff.). Entsprechend ließ er sich auf Türkisch die Aufgaben und die Lösungen von den Lernenden erklären. Mit dem Hausmeister sollte ein Kontextwechsel in sprachlicher und kultureller Hinsicht ermöglicht werden, um den Kontext Mathematikunterricht zu verlassen. Er kam nicht gleich zu Beginn, sondern verzögert, um zumindest erst auch Raum zu geben für eine freiwillige Sprachproduktion im Erarbeitungsprozess.

Die Interviews wurden videografiert und zur qualitativen Datenauswertung in Ausschnitten transkribiert. Die Analyse der Transkripte erfolgte (durch die Autoren) entsprechend des interpretativen Paradigmas im Hinblick auf die Forschungsfragen (Voigt 1984, S. 81 ff.).

In einer Vorstudie, die u. a. dazu diente, sinnvolle (Kombinationen von) Methoden aus den in Tab. 5.2 präsentierten herauszufiltern, wurden 21 Interviews entlang derselben Aufgabenstellung geführt. Ausgehend von der textintensiven, offenen Modellierungsaufgabe: „Wer soll was bezahlen?" (aus Marxer und Prediger 2012), sollten die Kinder ein oder mehrere mathematische Modelle für die Verteilung der Einkaufskosten einer Wohngemeinschaft entwickeln. Im Text angegeben waren der unterschiedliche Verbrauch der vier

5.2 Potenziale von Mehrsprachigkeit für individuelle Lernprozesse

Tab. 5.2 Optionen der Türkischnutzung für die zweisprachigen Settings

Türkisch in der Sprachrezeption …	Türkisch in der Sprachproduktion …
	… untereinander ermuntert Für Erarbeitung untereinander auch türkisch ermuntert, für Erläuterung nur deutsch
… freiwillig ermöglicht Gleichzeitiges Angebot der deutsch und türkisch formulierten Versionen der Texte	**… freiwillig ermöglicht** Anwesenheit eines zweisprachigen Gesprächspartners als Übersetzer
… verzögert forciert Versionen nacheinander mit Aufforderung zum Vergleich	**… verzögert forciert** Auftauchen eines nur türkischsprachigen Gesprächspartners

Bewohner und die Gesamtkosten (ausführlicher beschrieben in Marxer et al. 2010). Ziel dieser Vorstudie war es, diejenigen Methoden herauszufiltern, die sich für die kommende Hauptstudie eigneten.

Die Reaktionen auf die Angebote zur freiwilligen türkischsprachigen Sprachrezeption[3] zeigen ein nahezu einheitliches Bild: Lagen die Texte gleichzeitig in beiden Sprachen vor, dann arbeiteten nahezu alle Lernenden mit dem deutsch formulierten Text. Einige Kinder lasen ausschließlich den Aufgabentext in Deutsch und gaben bei freier Wahl an, dass sie es schlicht gewohnt seien, Mathematikaufgaben auf Deutsch zu lösen, oder dass sie den auf Deutsch formulierten Text besser verstehen könnten. Andere wiederum verglichen die beiden Texte zunächst und entschieden sich dann für den deutsch formulierten, weil er einfacher sei. Einzelne Schülerinnen wählten die türkische Version, u. a. weil dort „ein Viertel" leichter zu verstehen sei (wörtlich lässt sich Ausdruck „dörtte bir" übersetzen zu „eins in vier"). Ein Mädchen wechselte erst später zu dem deutschen Text, um besser mit ihrer Partnerin zusammenarbeiten zu können. Von den meisten Kindern wurde der türkisch formulierte Text nur zu Hilfe genommen, um die Bedeutung bestimmter Wörter zu ermitteln, wie „ein Viertel" oder „auswärts essen". Häufiger wurde die Bedeutung dieser Wörter jedoch durch eine Frage an die Interviewenden geklärt.

Auch bezüglich der fakultativen Sprachproduktion (ermuntert oder freiwillig ermöglichtes Setting) zeigten sich die Lernenden zurückhaltend. In den sechs Interviews musste die Interviewerin in der Regel die Sprachproduktion in der Erstsprache der Kinder explizit einleiten, die darauf mit nur knappen Antworten reagierten. War ein türkischsprachiger Gesprächspartner als Übersetzer permanent anwesend, so wurde er fast nur zur Klärung von Vokabeln (z. B. „auswärts essen") konsultiert.

Durch die verzögerte Forcierung der Sprachproduktion konnten die Kinder in dem künstlichen Interviewsetting des zwischenzeitlich auftauchenden Gesprächspartners (als „Hausmeister") dazu gebracht werden, ihre auf Deutsch gefundenen Ergebnisse schließlich auch in der Erstsprache wiederzugeben. Die Wiedergabe war erwartungsgemäß meist durchdrungen von Momenten des Borgens deutscher mathematischer Fachbegriffe oder

---

[3] Vergleichbare Phänomene waren bei verzögert forcierter Sprachrezeption erkennbar.

breiterer Momente des Code-Switching (Moschkovich 2007; Özdil 2010). Die sprachlichen Äußerungen zeigten jedoch auch, dass die Kinder sich auf den Rahmungswechsel (s. Hausmeister) einließen und zum Beispiel zunächst Erklärungen ohne Zahlen anboten.

Insgesamt, so das Fazit der Vorstudie, wurden in dem Forschungssetting die Optionen zur freiwilligen Sprachnutzung wenig angenommen, sodass diese für die Verfolgung der Forschungsfragen unter kurzfristigen Laborbedingungen als ungeeignet erscheinen (ähnliche Erfahrungen machten Wlotzka und Ralle (2008) auch im Klassenraum mit dem kurzfristigen Einsatz türkischsprachiger Anleitungen für chemische Experimente).

Als Konsequenz dieser Erfahrungen wurde zum einen die verzögert forcierte Sprachnutzung im Design der Hauptstudie verstärkt. Zum anderen wurde für Settings mit intendierter freiwilliger Sprachnutzung mehr in die Herstellung eines geeigneten Rahmens investiert. Dieser sollte die Andersartigkeit des sprachlichen Settings im Interview gegenüber dem im Mathematikunterricht etablierten gezielter verdeutlichen und so dazu beitragen, dass die Kinder das Sprachangebot annehmen und nicht etwa als Prüfungssituation missverstehen.

Die Hauptstudie wurde unter Nutzung verschiedener Aufgaben mit insgesamt über 230 Schülern der vierten bis sechsten Klasse mit Erstsprache Türkisch durchgeführt. Sie wurde in zwei Durchläufen erstellt. Im Folgenden werden zunächst die qualitativen Ergebnisse der Hauptstudie dargestellt, anschließend die quantitativen zum zweiten Durchgang (durch den Wechsel der Aufgabenstellungen wäre die Vergleichbarkeit der beiden Situationen ansonsten nicht mehr gegeben).

5.2.2 Ausführlichere Betrachtung einer Interviewsituation

Die beiden Schülerinnen, die hier Dilara und Elina genannt werden, gehen in eine sechste Hauptschulklasse. Nachdem sie der Interviewerin das Zählen auf Türkisch bis 5 beigebracht haben, bekommen sie den deutsch formulierten bildungssprachlichen Text aus Abb. 5.2 links und den Auftrag, ihn so umzuformulieren, dass er leichter verständlich ist.

Analphabeten in der Welt
Ein Viertel aller Erwachsenen dieser Welt sind Analphabeten, können also nur sehr schlecht lesen und schreiben.
Damit können sie viele Berufe nicht lernen.
Zwei Drittel aller nichtlesenden Menschen sind Frauen.
(Uno-Bericht 2008)

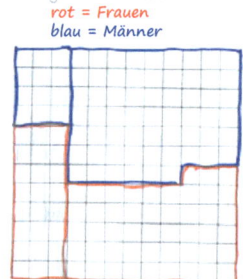

Abb. 5.2 Grundlage der Szene von Dilara und Elina

5.2 Potenziale von Mehrsprachigkeit für individuelle Lernprozesse

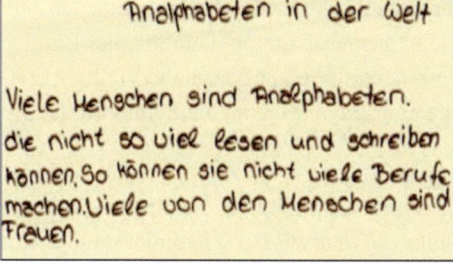 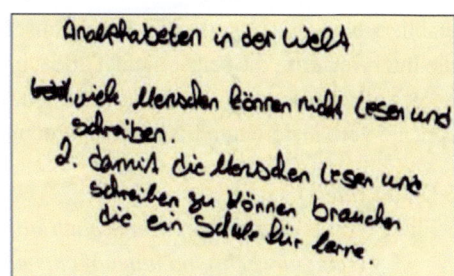

Abb. 5.3 Die umformulierten Texte von Dilara und Elina

Abb. 5.3 zeigt die Scans ihrer ersten Texte, in denen sie auf eine Wiedergabe der zahlenmäßigen Anteile verzichten.

Um die in der offiziellen Kommunikation unterdrückten Anteile mithilfe einer Darstellungsvernetzung wieder zu fokussieren, erhalten sie im nächsten Schritt die in Abb. 5.2 rechts abgedruckte Zeichnung einer fiktiven Schülerin, die sie auf Übereinstimmung mit dem Text hin prüfen sollen.

In einem Zwiegespräch auf Türkisch finden die beiden Mädchen heraus, dass der graue Teil die Gruppe der Analphabeten darstellt. Als sie dies der Interviewerin mitteilen, diskutieren sie zunächst (auf Deutsch), ob gleich viele Frauen wie Männer in dem Bild dargestellt sind. Die Episode 1 setzt ein, nachdem die Schülerinnen der Interviewerin widersprechen und vermuten, es seien mehr Frauen. Die Aussage könnte bereits als Vergleich der relativen Anteile gedacht sein, sprachlich wird der Vergleich aber erst im folgenden Transkriptauszug erarbeitet.[4]

1 I   Mhm. die können schreiben und lesen.
2 Elina Und die nicht, also nicht schreiben und lesen. (*zeigt auf die grauen Flächen im Bild*)
3 I   Genau ja. (*nickt*)
4 Elina Ben anladım .. bak şimdi .. adamlar, dime' (*zeigt nach oben links auf dem Bild*) ehmm eh .. eh daha çok yapabiliyor (*zeigt nach oben rechts auf dem Bild*)
       {Ich habs verstanden .. guck mal jetzt .. die Männer, nicht wahr' (*zeigt nach oben links auf dem Bild*) ähmm äh .. die können mehr machen (*zeigt nach oben rechts auf dem Bild*)}

Nachdem Elina zunächst mit der Interviewerin spricht, wechselt sie plötzlich ohne öffentlichen Kommentar die Sprache. Wir deuten diesen abrupten Sprachwechsel derart, dass sich die türkische Sprache in diesem Interview schon als Arbeitssprache der Wahl

---

[4] Die Transkripte sind zugunsten der Lesbarkeit geglättet. Die türkischen Äußerungen der Schülerinnen und Schüler sind durch eine deutsche Übersetzung in geschweiften Klammern ergänzt. Im Folgenden werden die aus dem Türkischen übersetzten Äußerungen ebenfalls in geschweiften Klammern präsentiert.

etabliert hat. Die Gründe für den Wechsel der Sprache können vielfältig sein. Ob nun die Interviewerin, die selbst nicht Türkisch spricht, ausgeschaltet und ein privater Bereich hergestellt werden soll oder ob die Lernenden einfach nur besser oder lieber in ihrer Erstsprache verbalisieren und/oder Zusammenhänge erarbeiten können, bleibt hier unklar.

5 Dilara *(nickt)*
6 Elina Azı da yapamıyor (*zeigt nach oben links auf dem Bild*) ... kadınların arasında (*zeigt abwechselnd unten rechts und links auf dem Bild*) ... kadınlar da–
{Und die wenigeren können nicht (*zeigt nach oben links auf dem Bild*) ... innerhalb der Frauen (*zeigt abwechselnd unten rechts und links auf dem Bild*) ... und die Frauen}
7 Dilara Tamam da buraya baksana bir
{Ja ok, aber guck doch mal hier}
8 Elina Kadınlarda– eh yarısı yapabiliyor yarısı yapamıyor (*spricht schnell*) ...
{Bei den Frauen– äh die eine Hälfte kann, die andere Hälfte kann nicht (*spricht schnell*).}

Mit den türkischen Ausdrücken für „die wenigeren" bringt Elina in Turn 6 eine Relation zum Ausdruck. Diese Relation scheint sie auf den Anteil der Nichtleserinnen im Vergleich zu den Lesern unter den Männern zu beziehen. Der anschließende Vergleich unter den Frauen lässt auf eine angenommene Gleichverteilung zwischen den Leserinnen und Nichtleserinnen unter den Frauen zu schließen. In Turn 9 bezieht sich Dilara dann vermutlich auf die Interviewerin. Leider kann der genaue Bezugspunkt rückwirkend nicht endgültig geklärt werden. Die Interviewerin hatte zuvor lediglich gesagt, dass in der Abbildung gleich viele Männer und Frauen seien. Unabhängig davon ist der Vergleich der Anzahl der Frauen und der Männer kein Inhalt des weiteren Gespräches.

9 Dilara Bak kadında– (*schaut auf das Bild, bricht ab*) dediği doğrudur bak aynı ama kadınlarda do– daha çoğu yapamıyor (*zeigt unten rechts auf das Bild*)
{Guck bei der Frau (*schaut auf das Bild, bricht ab*) ... was sie gesagt hat, war richtig guck ist das Gleiche aber bei den Frauen können das die meisten nicht machen (*zeigt unten rechts auf das Bild*)}
10 Elina Tamam da şimdi bak yapamıyor. Ama–
{Ja gut aber guck jetzt die können nicht. Aber-}
11 Dilara Tamam. Kadınlarda daha çoğu yapamıyor erkeklerde daha çoğu yapabiliyor
{Gut. Bei den Frauen können die meisten nicht machen, bei den Männern können die meisten.}

In Turn 9 kann man Dilara bereits unterstellen, dass sie die (Nicht-)Leser unter den Männern mit den Lesern unter den Frauen vergleicht. In Turn 11 spricht die Schülerin nun zwei Vergleiche an: zum einen denjenigen unter den Frauen, zum anderen denjenigen unter den Männern. Dies tauchte in der vorherigen deutschsprachigen Diskussion nicht auf.

5.2 Potenziale von Mehrsprachigkeit für individuelle Lernprozesse

12 Elina Bak yapamıyor bak (*zeigt nach unten rechts*)
{Guck, können nicht, guck (*zeigt nach unten rechts*)}
13 Dilara Tamam (*fast schreiend*) ama bak bunlar şimdi böyle şu çizgileri silsek mesela olmasa aynı olurdu .. yarıdan yarıya, dime' (*zeigt auf den trennenden Strich zwischen dem oberen rechten und dem unteren rechten Bereich*)
{Ok (*fast schreiend*) aber guck die jetzt wenn wir so diese Striche wegradieren wür– den, wenn die zum Beispiel nicht da wären, dann wäre das gleich. Von Hälfte zu Hälfte, nicht wahr (*zeigt auf den trennenden Strich zwischen dem oberen rechten und dem unteren rechten Bereich*)}
14 Elina Hm burası Strich olm (..)
{Hm hier (..) kein Strich}
15 Dilara Ama kadınların ehm kadınlarda daha eh çoğu çokları– eh kadınlarda çok olanları şey eh yazıp okuyamıyolar ama erkeklerde çoğu çoğuları oku yazıp okuyabiliyolar
{Aber von den Frauen eh bei den Frauen noch eh die Mehrheit– eh bei den Frauen, die mehr sind eh Dings eh können nicht schreiben und lesen aber die meisten bei den Männern können les schreiben und lesen}
16 Elina Azlarıda okuyamıyolar ama.
{Die wenigeren können aber nicht lesen.}
17 Dilara Tamam. Kadınlarda da azları okuyabiliyo .. erkeklerde az
{Ja ok. Von den Frauen können wenigere lesen .. bei den Männern}
18 Elina Okuyamıyor az ahh evet azları okuyabiliyor.
{Können nicht lesen ahh doch die wenigeren können lesen.}
19 Dilara Burda azları okuyo burda azları okumuyo. ..
{Hier lesen die wenigen hier lesen die wenigen nicht. ..}

Zuvor hatten Elina und Dilara mit „{weniger}" oder „{die meisten}" Relationen ausgedrückt. Jeweils bezogen sich die Schülerinnen dabei auf die Männer oder die Frauen. Lediglich in Turn 9 könnte bereits ein Vergleich von Leserinnen und Lesern von Dilara formuliert worden sein. In dieser Sequenz (Turn 15–19) ist das „Umdrehen" der Relata jedoch deutlicher zu erkennen: Mit dem Ausdruck „{die wenigeren}" scheint sie darzustellen, dass der Anteil der Nichtleser an den Männern geringer ist als der der Nichtleserinnen an den Frauen.

20 Elina Tamam şimdi anlat.
{Okay jetzt erzähl.}
21 Dilara Sen beni anladıın'
{Du hast mich verstanden'}
22 Elina Eheh (*verneinend*) (*lacht*) ah. Eh anladım da..sen anlat işte belki iş yapar… karşımdaki şey beni bozuyo heyecanlandırıyo (*lacht*) hadi.

{Ähäh (*verneinend*) (*lacht*) ah. Äh ich habs ja verstanden.. erzähl du doch, vielleicht bringt es mir was ... das Dings gegenüber ist nicht mein Fall, das macht mich nervös (*lacht*) komm mach schon.}

Elina weigert sich, die Relationen auszudrücken, die Dilara in der vorherigen inoffiziellen Partnerarbeit verbalisierte. Da Elina in ihren Äußerungen stets die Relation („{wenigere}"), jedoch nicht die Relata (z. B. Männer und/oder Frauen) angibt, lässt sich vermuten, dass sie entgegen ihrer Aussage die mathematischen Inhalte nicht verstanden hat.

23 Dilara Ich glaub– also wir meinen (*zeigt auf Elina*) so ähm das bei den Frauen also das bei den Männern viele lesen können und bei den– nein
24 Elina Frauen nicht
25 Dilara Dass beide gleich sind aber bei den Frauen die meisten nicht lesen und schreiben und bei den Männern schon.

Insgesamt zeigt die Episode, wie sehr die beiden Mädchen um eine Klärung der komplexen Beziehungen der Gruppe der Analphabetinnen ringen, und zwar in Relation zu a) den Frauen und b) dies im Vergleich zu dem entsprechenden Anteil bei den Männern. Zur Beschreibung der Beziehung aktivieren sie weder auf Deutsch noch auf Türkisch im Unterricht gelernte mathematische Anteilskonzepte, sondern nutzen beispielsweise die türkische Bezeichnung für „wenigere", um die relativen Anteile qualitativ miteinander zu vergleichen, z. B.: „{Die wenigeren können aber nicht lesen}" und: „{Hier lesen die wenigen hier lesen die wenigen nicht.}" Ohne die mathematischen Fachvokabeln stellen sie kommunikativ eine geteilt geltende Bedeutung des Vergleichs her (Voigt 1998, S. 203), auch wenn sie sich derer zunächst selbst nicht ganz sicher sind (Turn 21–24).

Zur Herstellung dieser im Interviewverlauf neuen Bedeutung kreieren sie eigene erstsprachliche Sprachmittel und erarbeiten sich dabei in der Erstsprache mathematische Zusammenhänge, die sprachlich und konzeptionell sehr komplexer Natur sind. Als sie die erkannten Zusammenhänge danach der Interviewerin vermitteln, wählen sie mit dem deutschen Wort „meisten" (Turn 25) ein (wenn auch weiterhin nur qualitatives) gängiges Konzept zur Beschreibung von Anteilen, welches in sprachlicher Hinsicht besser passt als „mehrerer".

Die Episode bietet ein interessantes Beispiel, wie die eigenständige Entwicklung der sprachlichen Mittel ineinandergreift mit der Klärung mathematischer Beziehungen. Dabei zeigt sich die Verschränkung der kognitiven und der sprachlichen Ebene (Meyer 2010). Eigeninitiativ wird Türkisch hier genutzt zur Erarbeitung mathematischer Zusammenhänge, die dann erst nachträglich mit deutschsprachigen Fachvokabeln ergänzt werden.

Dilara und Elina, die auch zuvor im Interview in die türkische Sprache wechselten, nutzen ihre Erstsprache erfolgreich bei der Konstruktion mathematischer Beziehungen, obwohl diese im Fachvokabular nicht sehr reichhaltig ist. Nicht geschlossen werden kann natürlich aus dem Transkriptausschnitt, dass den Mädchen diese Konstruktion auch in Deutsch möglich gewesen wäre.

5.2.3 Qualitative Ergebnisse – Funktionen und Chancen der Türkischnutzung

Neben der Nutzung der Erstsprache zur Erarbeitung mathematischer Begriffe bzw. Beziehungen konnten verschiedene andere Funktionen beobachtet werden, die mit dem Einsatz der türkischen Sprache einhergingen.

Funktion: Erstspracheeinsatz zur Aufrechterhaltung der Kommunikation (zum Erhalt neuer Erklärungen)
Gerade wenn die Lernenden sprachliche Hürden erleben, die sie auf Deutsch derzeit nicht überwinden können, hatten sie oft den Wunsch, die Sprache zu wechseln.

Die Schülerinnen Celia und Aynur (Klasse vier, Grundschule) sitzen Rücken an Rücken (zum Arbeitsauftrag Barzel et al. 2011). Celia beschreibt die den beiden Schülerinnen unbekannte geometrische Figur (den Pyramidenstumpf in Abb. 5.4), damit Aynur ihn entsprechend der Anleitung nachbauen kann. In welcher Sprache die Schülerinnen untereinander sprechen, wurde zu Beginn des Interviews freigestellt. Celia beschreibt die Figur zunächst auf Deutsch:

Celia: Ehm, und oben, ja, und oben hat man auch vier Ecken. An den Seiten auch.

Aynur erfährt die sprachliche Herausforderung der Äußerung Celias daran, dass sie zu einem eindeutigen Nachbau nicht ausreichend ist. Auf einen Impuls der Interviewerin, dass Aynur auch Fragen stellen dürfe, fragt Aynur auf Türkisch, während Celia auf Deutsch reagiert:

Abb. 5.4 Von Celia zu beschreibende und von Aynur zu rekonstruierende Figur

Aynur: {Hat es eine Spitze?}
Celia: Wie jetzt?

Die Äußerung auf Türkisch stellt explizit nur eine inhaltliche Nachfrage dar. Implizit kann man hier auch die Aufforderung erkennen, in der weiteren Kommunikation untereinander Türkisch zu sprechen. Celia nimmt diesen Impuls nicht auf. Im weiteren Gesprächsverlauf wird der vermeintliche Wunsch Aynurs, Türkisch zu sprechen, nun auch explizit. Sie fordert die Verwendung der türkischen Sprache regelrecht ein, indem sie wiederholt und nachdrücklich sagt: {„Erkläre es mal auf Türkisch"} oder {„Türkisch!"}

Funktion: Erstsprachenutzung zur Erweiterung der Beteiligungschancen an der Interaktion
Der Einsatz der Erstsprache gab den Lernenden die Möglichkeit, ihre Gedanken auf eine andere, von ihnen möglicherweise präferierte Weise auszudrücken. Entsprechend könnte der Einsatz der türkischen Sprache in verschiedenen Interviews auch für eine sich verändernde Teilhabe an der Interaktion ursächlich gewesen sein: Beispielsweise ließ sich ein zunächst eher stiller Junge beobachten, der nach kurzen Phasen der intimen türkischen Verständigung deutlich intensiver als zuvor an der deutschsprachigen Interaktion partizipierte, indem er längere und mehrere Redeanteile übernahm. Außerdem konnten Lernende beobachtet werden, die sich während der deutschsprachigen Interaktion kaum einbrachten, bei türkischsprachigen hingegen stark involviert waren – und umgekehrt.

Funktion: Erstsprachenutzung zur Ermöglichung intimer Kommunikation
Ebenso sollen die geschilderten Chancen nicht darüber hinwegtäuschen, dass die Schüler ihre Erstsprache auch einsetzen, um über außermathematische Sachverhalte in einem privaten, also von der Interviewerin unkontrollierbaren Raum zu sprechen:

Elina: {Äh ich habe es ja verstanden. Erzähl du es doch, vielleicht bringt es mir was. Das Dings gegenüber} [gemeint ist die Kamera, die Autoren] {ist nicht mein Fall, das macht mich nervös} (*lacht*). {Komm mach schon.}

Man mag befürchten, dass mit dem Zulassen aller verschiedenen Erstsprachen im Unterricht ein gewisser Kontrollverlust für die Lehrkraft einhergeht, insbesondere dann, wenn sie selbst die verschiedenen Sprachen nicht beherrscht. Entsprechend muss man auch auf die Eigenverantwortung der Lernenden vertrauen. Der Einsatz ihrer Erstsprache gewährt diesen zwar einen „Schutzraum", jedoch lässt sich in einem gewissen Rahmen auch von den erarbeiteten Produkten auf die (Inhalte der) Arbeitsprozesse rückschließen.

Situationen intimer Kommunikation hatten in den Interviews natürlich nicht nur den Vorteil, diesen Schutzraum gegenüber der Interviewerin auszunutzen. So konnte in diversen Interviews beobachtet werden, dass die Lernenden ihre Erstsprache nutzten, wenn sie die Organisation ihrer Arbeitsprozesse vornahmen. Auch hierbei wurden dann keine mathematischen Inhalte ausgehandelt, vielmehr wurde beispielsweise die Übernahme von gewissen Teilen der Aufgabenbearbeitung diskutiert.

5.2 Potenziale von Mehrsprachigkeit für individuelle Lernprozesse

Chance: Türkische Aufgabentexte sind nur bedingt produktiv

Erstsprachliche Sprachrezeption kann durch Übersetzung von Aufgabentexten in verschiedene Sprachen realisiert werden. Prinzipiell liegt der Schluss nahe, dass sich diese Methode bei langfristigem Einsatz als produktiv zur Reduzierung von Verständnishürden erweisen wird, zumal den Lernenden mehrere sprachliche Zugänge (Erstsprache und Deutsch) zum Verständnis des Aufgabentextes gegeben werden. In unseren Interviews war der Einsatz von Aufgabentexten in der Erstsprache jedoch kaum erfolgreich: Bei der Wahl zwischen einem deutsch- und einem türkischsprachigen Aufgabentext entschieden sich fast alle Lernenden für die deutschsprachige Variante. Als Grund gaben sie zumeist an, dass ihnen diese Sprache aus dem Mathematikunterricht vertrauter sei.

Will man die Erstsprache der Schüler auch produktiv in Aufgabentexten nutzen, so bedarf es geänderter Voraussetzungen. Dies könnte zum Beispiel die Kenntnis der mathematischen Fachwörter in der Erstsprache sein, wie es durch den langfristigen Einsatz dieser Methode möglich wäre.

5.2.4 Quantitative Ergebnisse – produktive Nutzung der Erstsprache

Zur quantitativen Analyse wurden die Interviews der zweiten Hauptstudie herangezogen. Insofern hier die gleichen Aufgaben und das gleiche Setting verwendet wurden, ist eine Vergleichbarkeit hinsichtlich der mathematischen Inhalte gegeben. In dieser Studie wurden 73 Interviews mit jeweils zwei Schülerinnen und Schülern der Klassen drei bis sechs durchgeführt.

In dieser Untersuchung wurde zum einen die Aufgabe zum Nachbauen geometrischer Figuren (s. z. B. den Pyramidenstumpf in Abb. 5.4) und zum anderen die Aufgabe „Würfelturm" gestellt. Hinsichtlich der letztgenannten Aufgabe wurde den Lernenden ein Turm bestehend aus mehreren Würfeln vorgegeben. Die Aufgabe bestand darin, die Gesamtanzahl der sichtbaren Würfelaugen zu bestimmen. Basierend auf der Gesamtzahl sichtbarer Würfelaugen gegenüberliegender Seiten (konventionell sind dies sieben), kann die Anzahl sichtbarer Augen mittels der Formel $14x + y$ bestimmt werden, wobei x die Anzahl der Würfel und y die Augenzahl derjenigen Seite ist, die oben liegt (Käpnick et al. 2005).

Für die quantitative Analyse wurden insgesamt 94 Items erhoben, die sich zusammensetzen aus den Items der Sprachlernbiografie (Grießhaber 2003), ausgewählten Items aus HAVAS 5 (Reich und Roth 2004) und vereinzelten Items diverser Sprachanalysen (Entlehnungen von Wörtern aus der einen Sprache in die andere, Produktivität der Erstsprachenutzung...).

Bei der Aufgabenbearbeitung nutzten insgesamt 84 % der Schüler ihre Erstsprache bei der Würfelaufgabe und 50 % bei der Formenaufgabe.

Bisher wurden eine Reliabilitätsprüfung an ca. 20 % der Daten durchgeführt und Kreuztabellen erstellt. Die Kreuztabellen wurden in Relation von den Items „(interaktive) Produktivität der Erstsprachenutzung" und den übrigen Items erstellt. „Produktivität" wurde dabei zunächst aus normativer Sicht definiert: Mathematisch tragfähige Aussagen werden zum ersten Mal geäußert. Wurden diese Aussagen auch vom Interaktionspartner aufgegriffen, so wurde eine „interaktive" Produktivität konstatiert. Auf der Basis beobachteter Phänomene in den Kreuztabellen wurden Mittelwerte gebildet, die zeigen, dass ein produktiver Gebrauch der Erstsprache im Vergleich zu einem nichtproduktiven einherging mit:

- einer eher geringeren Anzahl an verwendeten Fachwörtern in der Erstsprache L1,
- einer höheren Anzahl sprachlicher Joker (in L1 und der Zweitsprache (L2)),
- einer höheren Anzahl von Entlehnungen von Wörtern (von L2 in L1),
- einer höheren Anzahl längerer Entlehnungen (von L2 in L1),
- einer höheren Anzahl von Turns in L1 und
- einer eher verständlichen und kontinuierlichen Erstsprache (L1).

Die quantitativen Ergebnisse zeigen also, dass der Fachsprachgebrauch kein Indikator für die Güte einer Lösung sein kann, zumal mehr Fachwörter in Situationen eines nichtproduktiven Erstspracheeinsatzes beobachtet werden konnten. Auch der Vergleich der Ausprägungen der anderen Items zeigt ein interessantes Bild, welches wie folgt zugespitzt werden kann: Der Einsatz der Erstsprache ist produktiv, wenn diese „dreckig" ist. Je weniger in den Interviews auf einen eloquenten (Erst-)Sprachgebrauch geachtet wurde, desto produktiver war dieser in inhaltlicher Hinsicht. Verglichen mit den obigen Betrachtungen zur Thematik „Sprache unter kognitiver Belastung" zeigt sich auch hier wiederholt, dass die Lernenden, die sich produktiver um die Bearbeitung mathematischer Inhalte kümmerten, weniger auf die Eloquenz der Verbalisierung ihrer Lösungen konzentrierten. Anders formuliert: (Erst-)Sprachgebrauch scheint dann produktiv zu sein, wenn die Sprache in den Dienst des Faches gestellt und nicht zum Selbstzweck wird.

Literatur

Adendorff, R.: Code-switching amongst Zulu-speaking teachers and their pupils. Lang Educ **7**, 141–162 (1993)

Adler, J.: A language of teaching dilemmas: Unlocking the complex multilingual secondary mathematics classroom. Learn Math **18**(1), 24–33 (1998)

Baker, C.: Foundations of Bilingual Education and Bilingualism, 2. Aufl. Multilingual Matters, Clevedon (1996)

Bakthin, M.M.: The dialogical imagination: Four essays. UP, Austin (1981). hrsg. von Holquist, M.

Barwell, R. (Hrsg.): Multilingualism in mathematics classrooms: Global perspectives. Multilingual Matters, Bristol (2009)

Barwell, R.: Linguistic stratification in a multilingual mathematics classroom. In: Krainer, K., Vondrová, N. (Hrsg.) CERME 9 – Ninth Congress of the European Society for Research in Mathematics Education, S. 1333–1339. University Press, Prag (2015)

Barzel, B., Glade, M., Prediger, S., Schmidt, U.: Wie beschreibe ich es am besten? Den Sinn von Fachsprache in der Geometrie erfahren – Denkzettel. Prax Math Schule **53**(37), 36–37 (2011)

Literatur

Bauersfeld, H.: Subjektive Erfahrungsbereiche als Grundlage einer Interaktionstheorie des Mathematiklernens und -lehrens. In: Bauersfeld, H. (Hrsg.) Analysen zum Unterrichtshandeln, S. 1–56. Aulis, Köln (1983)

Bundesrepublik Deutschland: Der Nationale Integrationsplan. Neue Wege – Neue Chancen, Berlin (2010). https://www.bundesregierung.de/Content/DE/Archiv16/Artikel/2007/07/Anlage/2007-07-12-nationaler-integrationsplan.pdf. Zugegriffen: 02. März 2017

Busch, B.: Building on hetergloshia and heterogeneity: The experience of a multilingual classroom. In: Blackedge, A., Creese, A. (Hrsg.) Heteroglossia as practice and pedagogy, S. 21–40. Springer, Dodrecht (2014)

Carraher, T.N., Carraher, D.W., Schliemann, A.D.: Mathematics in the streets and in schools. Br J Dev Psychol **3**, 21–29 (1985)

Chlosta, C., Ostermann, T.: Grunddaten zur Mehrsprachigkeit im deutschen Bildungssystem. In: Ahrenholz, B. (Hrsg.) Deutsch als Zweitsprache, S. 17–30. Schneider, Baltmannsweiler (2008)

Clarkson, P.C.: Bilingualism and mathematics learning. Deakin University Press, Gellong (1991)

Clarkson, P.C.: Language and mathematics. A comparison of bilingual and monolingual students. Educ Stud Math **23**, 417–429 (1992)

Clarkson, P.C.: Australian Vietnamese students learning mathematics: High ability bilinguals and their use of their languages. Educ Stud Math **64**, 191–215 (2007)

Council of Europe: Charter of fundamental rights of the European union (2000). http://www.europarl.europa.eu/charter/pdf/text_en.pdf. Zugegriffen: 02. März 2017

Cummins, J.: Linguistic interdependence and the educational development of bilingual children. Rev Educ Res **29**(2), 221–251 (1979)

Dawe, L.: Bilingualism and mathematics reasoning in English as a second language. Educ Stud Math **14**, 325–353 (1983)

Ellerton, N., Clarkson, P.C.: Language factors in mathematics teaching and learning. In: Bishop, A. (Hrsg.) International handbook of mathematics education, S. 987–1033. Kluwer, Dordrecht (1996)

Gogolin, I.: Stichwort: Mehrsprachigkeit. Zeitschrift Für Erziehungswissenschaften **13**, 529–547 (2010)

Gogolin, I., Kaiser, G., Roth, H.-J., Deseniss, A., Hawighorst, B., Schwarz, I.: Mathematiklernen im Kontext sprachlich-kultureller Diversität. Abschlussbericht des DFG-Projektes. Hamburg (2004). https://www.ew.uni-hamburg.de/ueber-die-fakultaet/personen/gogolin/pdf-dokumente/mathe-bericht.pdf. Zugegriffen: 02. März 2017

Gorgorió, N., Planas, N.: Teaching mathematics in multilingual classrooms. Educ Stud Math **47**(1), 7–33 (2001)

Grießhaber, W.: (Sprach-)Lernbiographie (2003). http://spzwww.uni-muenster.de/~griesha/sla/mix/lernbiografie.schubs.pdf. Zugegriffen: 02. März 2017

IT.NRW: Information und Technik NRW. Statistik Kompakt. Bildungsbeteiligung von Schülerinnen und Schülern mit Zuwanderungsgeschichte. Düsseldorf (2012). https://webshop.it.nrw.de/ssearch.php?kategorie=1005&prefix=Z25. Zugegriffen: 02. März 2017

Kaiser, G., Schwarz, I.: Können Migranten wirklich nicht rechnen? Zusammenhänge zwischen mathematischer und allgemeiner Sprachkompetenz. Friedrich-jahresh Migr 68–69 (2009)

Käpnick, F., Nolte, M., Walther, G.: Talente entdecken und unterstützen (2005). http://www.sinus-an-grundschulen.de/fileadmin/uploads/Material_aus_STG/Mathe-Module/M5.pdf. Zugegriffen: 02. März 2017

Kern, R.G.: The role of mental translation in second language reading. Stud Second Lang Acquis **16**, 441–461 (1994)

Kietzmann, U., Kliemann, H., Pongs, R.: Mathe live 7. Klett, Stuttgart (2000)

KMK: Bildungsstandards im Fach Mathematik für die Allgemeine Hochschulreife (2012). http://www.kmk.org/fileadmin/Dateien/veroeffentlichungen_beschluesse/2012/2012_10_18-Bildungsstandards-Mathe-Abi.pdf. Zugegriffen: 02. März 2017

Krägeloh, N., Meyer, M.: „Erkläre es mal auf Türkisch". Anknüpfen an die Ressource Erstsprache im Mathematikunterricht. Prax Math **45**(54), 25–28 (2012)

Marxer, M., Prediger, S.: Wer soll wie viel bezahlen? Rechnungen darstellen und diskutieren. In: Barzel, B., Hußmann, S., Leuders, T., Prediger, S. (Hrsg.) mathewerkstatt, Klasse 6. Cornelsen, Berlin (2012)

Marxer, M., Prediger, S., Schnell, S.: Wie verteilen wir die Müllgebühren? – Bildungswirksame Erfahrungen beim Entwickeln und Diskutieren normativer Modellbildungen. Prax Math **52**(36), 19–25 (2010)

Meyer, M.: Wörter und ihr Gebrauch. In: Kadunz, G. (Hrsg.) Sprache und Zeichen, S. 49–82. Franzbecker, Hildesheim (2010)

Meyer, M.: Zahlen durch Sprachen verstehen. Prax Math **54**(45), 44–45 (2012)

Meyer, M., Prediger, S.: The use of first language Turkish as a resource. A German case study on chances and limits for building conceptual understanding. In: Setati, M., Nkambule, T., Goosen, L. (Hrsg.) Proceedings of the ICMI Study 21 Mathematics and language diversity, S. 225–234. University Press, Brazil, Sao Paulo (2011)

Ministerium für Inneres und Kommunales, NRW: Gesetz über die Ausbildung für Lehrämter an öffentlichen Schulen (Lehrerausbildungsgesetz – LABG) (2009). http://www.schulministerium.nrw.de/docs/Recht/LAusbildung/LABG/LABGNeu.pdf. Zugegriffen: 02. März 2017.

Moschkovich, J.: Supporting the participation of English language learners in mathematical discussions. Learn Math **19**(1), 11–19 (1999)

Moschkovich, J.: Using two languages when learning mathematics. Educ Stud Math **64**, 121–144 (2007)

OECD: Science Competencies for Tomorrow's World. Data (PISA 2006), Bd. 2. OECD, Paris (2007)

OECD: PISA 2012. Ergebnisse, Exzellenz durch Chancengerechtigkeit. Allen Schülerinnen und Schülern die Voraussetzungen zum Erfolg sichern Bd. II. Bertelsmann, Bielefeld (2013)

Özdil, E.: Codeswitching im zweisprachigen Handeln. Sprachpsychologische Aspekte verbalen Planens in türkisch-deutscher Kommunikation. Waxmann, Münster (2010)

Planas, N., Setati, M.: Bilingual students using their languages in their learning of mathematics. Math Educ Res J **21**(3), 36–59 (2009)

Reich, H.H., Roth, H.J.: Hamburger Verfahren zur Analyse des Sprachstands Fünfjähriger – HAVAS 5. Landesinstitut für Lehrerbildung und Schulentwicklung, Hamburg (2004)

Selter, C., Spiegel, H.: Wie Kinder rechnen. Klett, Stuttgart (1997)

Setati, M., Adler, G.: Beetween languages and discourses: Language practices in primary multilingual mathematics classrooms in South Africa. Educ Stud Math **43**(3), 243–269 (2000)

Setati, M., Duma, B.: When language is transparent: Supporting mathematics learning multilingual contexts. In: Tzekaki, M., Kaldrimidou, M., Sakonidis, H. (Hrsg.) Proceedings of 33rd PME, S. 5/65–5/72. PME, Thessaloniki (2009)

Vertovec, S.: Super-diversity and its implications. Ethn Racial Stud **30**(6), 1024–1054 (2007)

Voigt, J.: Interaktionsmuster und Routinen im Mathematikunterricht: theoretische Grundlagen und mikroethnographische Falluntersuchungen. Beltz, Weinheim (1984)

Voigt, J.: The culture of the mathematics classroom: Negotiating the mathematical meaning of empirical phenomena. In: Seeger, F., Voigt, J., Waschescio, U. (Hrsg.) The culture of the mathematics classroom, S. 191–220. Cambridge University Press, Cambridge (1998)

Wlotzka, P., Ralle, B.: Experimentieren in der Muttersprache. Unterr Chemie **106/107**, 62–65 (2008)

Sprachsensibler Mathematikunterricht 6

> **Zusammenfassung**
>
> Sprachförderung im Mathematikunterricht zielt in erster Linie (einschränkend hierzu kann mit Heymann (1996, S. 51 ff.) die (Fach-)Sprache auch als Kulturgut angesehen werden kann, dessen Kenntnis auch über den Mathematikunterricht hinaus wertvoll ist) auf einen verbesserten Zugang zur Mathematik selbst und nicht auf die Förderung von Sprache an sich ab. Die Gestaltung eines sprachsensiblen Mathematikunterrichts bleibt in diesem Sinne primär den fachlichen Anliegen verpflichtet und lässt die Sprachförderung nicht zum Selbstzweck werden. Sie bringt vielmehr zur Geltung, dass die mathematikbezogene Sprache im Mathematikunterricht zentrales Lernmedium ist und Lernende gerade durch ihre Nutzung weitergehendes mathematisches Wissen konstruieren können. Aus diesem Grund werden in diesem Kapitel nach einer grundsätzlichen Klärung, wie Sprachförderung im Fach realisiert werden sollte (s. Abschn. 6.1), orientierende Ideen für die Planung (s. Abschn. 6.2) und Umsetzung (s. Abschn. 6.3) eines sprachsensiblen Mathematikunterrichts präsentiert.

6.1 Sprachförderung im Fach

Für den Mathematikunterricht gibt es bereits eine Vielzahl von Vorschlägen konkreter Methoden zur Realisierung eines sprachsensiblen Fachunterrichts. Grundsätzlich lassen sich zwei Richtungen unterscheiden: Als „defensiv" werden diejenigen Ansätze beschrieben, die sprachliche Hürden zu vermeiden empfehlen, sodass den Lernenden eine einfachere Sprache angeboten wird, beispielsweise durch verkürzte oder fehlende Nebensätze oder Vermeidung von Bedeutungsinterferenzen, Passivkonstruktionen und/oder Komposita (Rösch und Paetsch 2011, S. 58). Für den Mathematikunterricht der Sekundarstufen führt u. a. Drueke-Noe (2012, S. 8) verschiedene Tipps zur Reduzierung dieser Schwierigkeiten auf Wort-, Satz- und Textebene zur Steigerung der Lesekompetenz an. „Offensive"

Ansätze zeichnen sich hingegen dadurch aus, dass vermeintliche sprachliche Hürden nicht vermieden, sondern zu Lerngegenständen werden (Rösch und Paetsch 2011, S. 58). Hierzu bekommen die Lernenden Hilfen zur Überwindung der Hürden geboten. Während sich defensivere Ansätze wohl für schriftliche Testsituationen eignen mögen, ist ein langfristiger, tragfähiger Kenntniserwerb hiermit kaum möglich. Die Lernenden hätten auf dieser Grundlage kaum die Möglichkeit, an einem außerunterrichtlichen Fachgespräch teilzuhaben. Entsprechend fokussieren die folgenden Abschnitte ausschließlich auf offensive Ansätze. Als Einstimmung auf ein solches Nachdenken über einen sprachsensiblen Mathematikunterricht mag ein Bild hilfreich sein, das von Leisen (2010) geprägt wurde. Er fordert fächerübergreifend, dass ein sprachsensibler Fachunterricht sich dadurch auszeichne, dass fortwährend vielfältige und reichhaltige Kommunikationssituationen bereitgestellt und eingefordert werden. Ein solcher Umgang mit Sprache im Fachunterricht bezeichnet er als „Sprachbad" (Leisen 2010, S. 6), in das die Lernenden eintauchen. Die Lernenden sind von fachbezogener Sprache umgeben, hören sie, lesen sie und sind immer wieder eingeladen, sich selbst in ihrer Nutzung auszuprobieren und sich auf diese Weise fachlich wie sprachlich weiterzuentwickeln. Wenn die Sprache in diesem Sinne nie Selbstzweck wird, sondern stets an ihren Nutzen für die fachliche Diskussion und Entwicklung gebunden bleibt, ist es sinnvoll, weniger von „Sprachförderung im Mathematikunterricht" und mehr von einem „sprachsensiblen Mathematikunterricht" zu sprechen. Es geht um einen Mathematikunterricht, der für die enorme Bedeutung der Sprache sensibel ist, aber eben nicht um einen Mathematikunterricht, dessen inhaltliche Entwicklung immer wieder unterbrochen wird, um nun auch noch zusätzlich an der Sprache der Lernenden zu schleifen (vgl. hierzu überfachlich Reich 1989).

6.2 Einen sprachsensiblen Mathematikunterricht planen

Es ist gewöhnlich, die inhaltliche Ebene des Mathematikunterrichts zu planen. Dafür formulieren wir ein fachliches Lernziel, differenzieren es in sinnvolle Teilziele und planen mögliche Unterrichtsschritte. Einen sprachsensiblen Mathematikunterricht zu planen, kann bedeuten, dieser inhaltlichen Planung gleichberechtigt eine sprachliche Planung zur Seite zu stellen. Kniffka (2012) beschreibt, dass zu diesem Zweck vor der konkreten Unterrichtsplanung zunächst eine sprachliche Bedarfsanalyse durchgeführt werden sollte. Dazu bestimmt die Lehrperson, welche sprachlichen Anforderungen der jeweilige mathematische Inhalt an die Lernenden stellt. Es kann etwa gefragt werden: Welche Textarten kommen in der Einheit vor? Enthalten die Texte besondere Schwierigkeiten, etwa komplexe Verweisstrukturen oder neue Fachbegriffe? Gibt es bestimmte grammatische Phänomene, die gehäuft auftreten? Welche Wörter werden gebraucht?

Komplementär zur Bedarfsanalyse soll nach Kniffka (2012) eine sprachliche Lernstandsanalyse durchgeführt werden: Beherrschen die Lernenden die geforderten sprachlichen Strukturen? Wo brauchen sie Unterstützung? Grundlage der Lernstandsanalyse können systematische Erhebungen seitens der Lehrperson sein, indem sie etwa gezielt mündliche Beschreibungen oder Erklärungen im Unterrichtsgespräch einfordert und diese aufmerksam analysierend verfolgt oder aber Aufgaben stellt, die im Unterricht oder als Hausaufgabe schriftlich zu bearbeiten sind. Gleichwohl können auch zunächst unsystematische Beobachtungen der Lehrperson, die sie sich vielleicht notiert hat, rekonstruktiv analysierend zu einer Lernstandsanalyse ausdifferenziert werden: Über welche sprachlichen Kompetenzen verfügen die Lernenden bereits? Was wurde vielleicht auch in zurückliegenden Unterrichtseinheiten schon gezielt erarbeitet?

Bedarfs- und Lernstandsanalyse bilden dann gemeinsam die Grundlage für die Planung eines sprachsensiblen Mathematikunterrichts. Es werden fachliche und sprachliche Lernziele formuliert. Ein Beispiel für ein mögliches sprachliches Lernziel auf Satzebene im Kontext der Entdeckerpäckchen ist: „Die Lernenden können Veränderungen in Entdeckerpäckchen mit Wenn-dann-Sätzen korrekt beschreiben. Beispiel: Wenn der erste Summand um 2 erhöht wird und der zweite Summand gleich bleibt, dann erhöht sich die Summe um 2." Bei der Formulierung sprachlicher Lernziele ist stets zu beachten, dass die sprachlichen Anforderungen die Wort-, Satz- und Textebene umfassen (können).

Für viele Mathematiklehrkräfte ist es zunächst ungewohnt, dem eigenen fachlichen Anliegen ein sprachliches zur Seite zu stellen. Aber genau durch ein solches Vorgehen kann der diagnostische Blick auf die Lernprozesse der Schüler erleichtert werden: Wie entwickeln sie sich fachlich? Wie entwickeln sie sich sprachlich? Wie hängt das eine mit dem anderen zusammen? Wie kann das Zusammenspiel der Ebenen in der weiteren Förderung produktiv genutzt werden? Passend zu den Lernzielen, die konsequent beide Ebenen im Blick haben, die mathematische und die sprachliche, wird dann ein Unterstützungsangebot entwickelt, das auf dieselbe Weise beide Ebenen im Blick hat. Dazu folgen im nächsten Abschnitt Anregungen, die zu einem eigenen Ausprobieren einladen.

6.3 Einen sprachsensiblen Mathematikunterricht umsetzen

Scaffolding: „Scaffolding" bedeutet „Baugerüst" und wird als eine Metapher häufig, wenn auch keinesfalls einheitlich verwendet. Eingeführt wurde die Metapher von Wood et al. (1976) im Zusammenhang des Erstspracherwerbs. Gemeint ist eine vorübergehende Hilfestellung eines Erwachsenen im Dialog mit einem Kleinkind, welches die angebotene Hilfestellung nutzt, um nach und nach selbst zu einem kompetenten Sprecher zu werden. Sobald das Kind die fragliche Sprachhandlung dann selbst ausführen kann, wird das stützende (Sprach-)Gerüst entfernt. Daran wird der Bedeutungskern der Metapher bereits deutlich: Für den Bau eines Gebäudes wird vorübergehend ein Gerüst errichtet, um das entstehende Gebäude zu stützen. Sobald die einzelnen Teile des Gebäudes fertiggestellt und für sich stabil sind, wird das Gerüst nach und nach entfernt. Das fertige Gebäude lässt nicht mehr an das Gerüst denken, sondern steht für sich allein. Dieser Bedeutungskern scheint auch durch, wenn etwa Gibbons (2002) die Metapher des Scaffolding für die Gestaltung eines sprachsensiblen Fachunterrichts (unter besonderer Berücksichtigung von Zweitsprachenlernern) verwendet. Sie unterscheidet dabei zwischen einem Makro- und ei-

> 1. Rechne aus. Setze fort. a) Beschreibe: Was fällt dir auf?
>
>   25 + 15 =
>
>   24 + 16 =
>
>   23 + 17 =
>
>   22 + 18 = b) Begründe: Warum ist das so?
>
>   21 + 19 =
>
>   ……… . =
>
>   ……… . =

Abb. 6.1 Entdeckerpäckchen. (Onlinequelle: http://kira.dzlm.de/kirafiles/uploads/doc/Aufgabenblatt2_G.pdf, letzter Abruf: 09.06.2016)

nem Mikro-Scaffolding (Gibbons 2002). Das Makro-Scaffolding setzt sich aus jenen drei Elementen zusammen, die dem konkreten Unterricht vorgeschaltet sind: 1) Bedarfsanalyse, 2) Lernstandsanalyse, 3) Unterrichtsplanung. Das Mikro-Scaffolding besteht dann in den sprachlichen Unterstützungsleistungen, die den Lernenden auf der Grundlage des Makro-Scaffolding in der Unterrichtsinteraktion tatsächlich zur Verfügung gestellt werden. Die Bedarfsanalyse und die Lernstandsanalyse wurden als Grundlage einer sprachsensiblen Unterrichtsplanung bereits in Anlehnung an Kniffka (2012) beschrieben, die Gibbons' Ansatz für den Mathematikunterricht expliziert (s. Abschn. 6.2). Im Mittelpunkt stehen daher nachfolgend jene Aspekte, die in einer Unterrichtsplanung begründet zusammengefügt und in der konkreten Unterrichtsgestaltung umgesetzt werden: Wie können wir einen sprachsensiblen Mathematikunterricht gestalten? Als Vorschlag entwickelt Gibbons (2002) für den naturwissenschaftlichen Unterricht einen Fahrplan, der für den Mathematikunterricht adaptiert werden kann. Dazu denken wir an eine Unterrichtsstunde in einer zweiten Jahrgangsstufe, in der die Lehrkraft eine Lernumgebung zu Entdeckerpäckchen einsetzt. Ein Päckchen wie in Abb. 6.1 könnte im Mittelpunkt der mathematischen Untersuchungen stehen.

Die erste Phase des Fahrplans ist mit „Doing an experiment" (Gibbons 2002, S. 43) überschrieben. Wichtigstes Ziel in dieser Phase ist es, den fachlichen Gegenstand in den Mittelpunkt des Interesses zu rücken. So erlaubt ein Entdeckerpäckchen beispielsweise spannende Einsichten in Zahlenmuster: Die Kinder lösen die Aufgaben (und üben damit die Addition im Zahlenraum bis 100) und können beobachten, dass die Ergebnisse eine vielleicht unerwartete Regelmäßigkeit aufweisen. Als Summe ergibt sich stets 40. Und auch wenn die Kinder das Entdeckerpäckchen fortsetzen (20 + 20, 19 + 21 …), bleibt diese Regelmäßigkeit bestehen. Es entspricht einem modernen Mathematikunterricht, genau solche „Phänomene" zu bestaunen und ihre Einladung zum Fragen, Ausprobieren, Fortsetzen, Erforschen, Erklären etc. zum Ausgangspunkt von Unterricht zu machen (Wittmann

2003). Damit ergibt sich eine Parallele zum naturwissenschaftlichen Unterricht, den Gibbons (2002, S. 18) beschreibt: Zu Beginn einer Unterrichtseinheit führen die Lernenden in Kleingruppen Experimente zur magnetischen Abstoßung durch. Den Schülern wird die Anleitung eines Experiments gegeben und der ergänzende Hinweis, dass sie nach dessen Durchführung im Plenum über ihr Experiment und die daraus entwickelten Einsichten berichten sollen. Ähnlich kann auch in eine mathematische Unterrichtseinheit gestartet werden, wenn die Lernenden zunächst das „Phänomen" der Muster bei Entdeckerpäckchen erforschen und aufgefordert werden, hinterher im Plenum über ihre Beobachtungen und ersten Erklärungen zu berichten. Um die Motivation zum nachfolgenden Austausch zu steigern, kann es sich anbieten, in die erste Arbeitsphase unterschiedliche Entdeckerpäckchen zu geben. Dann bieten sich Fragen der folgenden Art an: Was ist euch aufgefallen? Wer hat ein ähnliches Muster in seinem Entdeckerpäckchen beobachten können? Warum ist das überhaupt so? Wie können die Zahlenmuster variiert werden? Welche Beobachtungen können dann gemacht werden? In dieser ersten Phase wird den Kindern also Raum für eine freie Begegnung mit dem Gegenstand gegeben. Dabei dürfen sie in kleinen Gruppen arbeiten, sich austauschen und erste Hypothesen formulieren. Sie sollten ebenfalls darüber informiert werden, dass sie später im Plenum beschreiben sollen, was ihnen aufgefallen ist, und man gemeinsam diskutieren wird, wie die gemachten Beobachtungen erklärt und begründet werden können. So können die Lernenden sich bereits auf die gewünschte Sprachproduktion in der Klassensituation vorbereiten und über eine adressatengerechte Möglichkeit der Versprachlichung nachdenken: Wie können wir das gleich den anderen erklären? Die Phase „Doing an experiment" erlaubt es also, sich zunächst mal auf die Sache einzulassen, und regt im Hinblick auf die angekündigte Plenumsphase zu einer forschenden Haltung an: Was fällt euch auf? Warum ist das so? Wie könnt ihr es in Worte fassen?

Die zweite Phase ist mit „Introducing key vocabulary" (Gibbons 2002, S. 45) bezeichnet. Bevor die Kinder aus ihren Gruppen berichten, bietet die Lehrkraft nun Wörter, Satzteile oder Mittel zur Textstrukturierung an, die es den Kindern erleichtern, ihre Gedanken in einer angemessenen Weise zu versprachlichen. Der Vorteil dieser unterrichtlichen Vorgehensweise ist, dass die Kinder zu diesem Zeitpunkt bereits einen inhaltlichen Bezug herstellen können: Sie lernen die sprachlichen Mittel nicht auf Vorrat, sondern in genau der Situation, in der sie sie als unmittelbar nützlich erleben können. So ist es z. B. hilfreich, Wörter zu haben, um die erste und zweite Zahl in den Additions- oder Subtraktionsaufgaben eines Entdeckerpäckchens präzise beschreiben zu können: erste und zweite Zahl (für Addition und Subtraktion verwendbar) oder erster und zweiter Summand bzw. Minuend und Subtrahend. Sind diese Wörter verfügbar, was bedeutet, dass sie situationsangemessen mit der konventionalisierten Bedeutung verwendet werden können, ist es sehr viel einfacher, über die Veränderungen und die sich daraus ergebenden „Wirkungen" in einem Entdeckerpäckchen zu sprechen. Somit wird ersichtlich, dass in dieser Phase des Fachunterrichts vorübergehend die Sprache im Mittelpunkt der Betrachtung steht, idealerweise zu einem Zeitpunkt, wo die mathematischen Inhalte zumindest ansatzweise verstanden sind. Gleichwohl bleiben alle Bemühungen dem übergeordneten Ziel verpflichtet, die individuelle mathematische Auseinandersetzung mit Entdeckerpäckchen zu ermöglichen, zu vertiefen und durch die Förderung eines präzisen Austausches zu erweitern.

Die dritte Phase löst die bereits gemachte Ankündigung, nun über die eigene Arbeit im Plenum zu berichten, ein: „Teacher-guided reporting" (Gibbons 2002, S. 45). In dieser Phase werden die Lernenden ermuntert, über ihre Gruppenarbeit zu berichten: Was ist euch aufgefallen? Was habt ihr euch überlegt? Für das sich anschließende Klassengespräch hebt Gibbons die Bedeutung der Lehrkraft hervor: Sie lädt die Kinder zur Sprachproduktion ein, bindet sie als kompetente Gesprächspartner ein und fokussiert auf den Inhalt. Wie kann das gelingen? Gibbons (2002) benennt dafür im Wesentlichen vier Punkte:

- Die Lehrkraft macht ihr Anliegen transparent, dass es bei dem folgenden Gespräch auch darum geht, die Sprache des Faches zu erproben: „Now we're trying to talk like scientists" (Gibbons 2002, S. 45). Für den Mathematikunterricht würde eine solche Herstellung von Zieltransparenz bedeuten, dass die Lehrkraft darauf hinweist, dass es in der Diskussion über Entdeckerpäckchen eben auch darum geht, genau und verständlich zu beschreiben. „Wir versuchen, wie Mathematiker zu sprechen." Mit dieser Aufforderung zum Fachsprachegebrauch ist die Hoffnung verbunden, dass die Lernenden auf der Suche nach den richtigen Worten und bei der Erprobung von vorgeschlagenen sprachlichen Mitteln ihr inhaltliches Verständnis erneut prüfen, ggf. verändern oder ergänzen und dadurch weiterentwickeln.
- Die Lehrkraft fordert die Lernenden auf, ihre Entdeckungen zu beschreiben und zu erklären, und setzt damit auch den Anspruch, eine längere zusammenhängende Äußerung zu produzieren. Dafür lässt sie den Sprechenden ausreichend Zeit. Als Orientierungsmarke gibt Gibbons (2002, S. 48) an, dass die Lehrkraft nach einer gestellten Frage mindestens drei Sekunden warten sollte, bis sie Unterstützung anbietet oder die gestellte Aufgabe verändert. So erhält der Sprechende Zeit, seine Gedanken zu ordnen, sich an die Diskussion in der Gruppe, aber auch an das Sprachangebot der Lehrkraft zu erinnern und sich dann an der Formulierung einer angemessenen Antwort zu versuchen.
- Die Lehrkraft reagiert primär auf den geäußerten Inhalt und behält im Blick, was der sprechende Schüler (vermutlich) sagen möchte: „yes yes you're doing fine ... you put one magnet on top of another ..." (Gibbons 2002, S. 46).
- Die Lehrkraft versucht, eine möglichst natürliche Rolle als Gesprächspartnerin einzunehmen. Sie war bei den Lösungsprozessen, Diskussionsverläufen und Erklärungsversuchen in den Einzelgruppen zumeist nicht dabei und kann daher mit ehrlichem Interesse fragen: Wie seid ihr vorgegangen? Was ist euch dabei aufgefallen? Wie habt ihr euch das erklärt? Habt ihr vielleicht mal ein anderes Beispiel ausprobiert? So bleibt die Lehrkraft zwar die Person, die über das übergeordnete mathematische Wissen in (hoffentlich) vorbildlicher Weise verfügt und die daher durch gezieltes Nachfragen inhaltliche Orientierung bieten kann, aber die Lernenden sind die Experten für ihren Arbeitsprozess, für die Umsetzung der geplanten Unterrichtsstunde, für die durchge-

führten mathematischen Untersuchungen: Wie haben sie die Aufgabe gedeutet? Was haben sie entdeckt? Wie haben sie versucht, Erklärungen zu entwickeln?

Für die vierte Phase schlägt Gibbons (2002, S. 48) einen Eintrag in ein Lerntagebuch vor: „Journal writing". Mit der recht offenen Leitfrage: „Was hast du gelernt?", werden die Lernenden aufgefordert, die Gruppen- und Plenumsdiskussion für sich noch einmal inhaltlich zu sortieren und festzuhalten. Die Autorin weist darauf hin, dass die Tagebucheinträge nach derartigen Stunden deutlich zeigen, dass die Lernenden die thematisierten sprachlichen Mittel in ihr Schreiben einbinden. Sie verwenden nun Wörter oder Satzstrukturen, die sie zum ersten Mal im Gespräch mit der Lehrkraft verwendet haben oder die sie lediglich in Formulierungen der Lehrkraft gehört haben. Man könnte davon sprechen, dass die Lernenden im Prozess der Verschriftlichung die Möglichkeit erhalten, ihre eigene (vielleicht gar nicht vorgetragene) Äußerung zu reformulieren und zu überarbeiten.

In diesem Fahrplan für einen sprachsensiblen Fachunterricht werden ein handlungsorientierter Zugang und die Anreicherung der fachsprachlichen Möglichkeiten miteinander verbunden und in eine zumindest prinzipiell sinnvolle Reihenfolge gebracht. Die Schüler lernen nicht vorab Wörter, deren Verwendung sie erst in einer späteren Unterrichtsphase erproben können, sondern sie kommen zuerst mit dem Inhalt in Kontakt und dürfen dabei frei auf jene sprachlichen Mittel zurückgreifen, die ihnen bereits verfügbar sind. So wird eine Motivation aufgebaut, sich in der zweiten Phase für einen Moment ganz bewusst auf die Sprache zu konzentrieren: Wie können wir gut über Entdeckerpäckchen sprechen? Was brauchen wir dafür? Damit wird einerseits die (Fach-)Sprachentwicklung, aber andererseits und vor allem gleichzeitig auch die mathematische Entwicklung unterstützt. Denn der sprachliche Austausch im Plenum ist nicht nur eine Sprachübung, sondern vor allem die vertiefte Auseinandersetzung mit dem Gegenstand, da dort unterschiedliche Deutungen, Einsichten und Erklärungen aufeinandertreffen und produktiv zueinander in Beziehung gesetzt werden können.

Unterrichtsinteraktion: Abseits des beschriebenen Fahrplans für einen sprachsensiblen Fachunterricht formuliert Gibbons (2002, S. 37 ff.) allgemeine Prinzipien für ein lernförderliches Sprachverhalten der Lehrkraft, die völlig unabhängig vom jeweiligen Unterrichtsfach sind, aber eben auch in einem sprachsensiblen Mathematikunterricht selbstverständlich sein sollten:

- Lehrer sollten eine Balance zwischen eng und offen gestellten Fragen finden. Enge Fragen verlangen lediglich kurze Antworten seitens der Lernenden, ermöglichen es der Lehrperson aber, in kurzer Zeit erworbenes Wissen zu überprüfen. Offen gestellte Fragen verlangen sprachlich komplexere Antworten und erlauben den Lernenden, die thematische Entwicklung des Gesprächs stärker mitzugestalten. Sie sind eine bessere Gelegenheit für die Lernenden, sich in der Produktion längerer, zusammenhängender Äußerungen zu üben.

- Die Unterrichtsinteraktion sollte verlangsamt werden. Das bedeutet ausdrücklich nicht, dass die Lehrkraft ihr Sprechtempo künstlich vermindert, sondern dass die Lernenden ausreichend Zeit bekommen, ihre sprachlichen Äußerungen zu planen. Nach einer gestellten Frage helfen schon einige Sekunden, die die Lehrkraft länger wartet, dass mehr Lernende eine mögliche Antwort gedanklich formulieren und sich dann zu Wort melden können. Bei komplexeren sprachlichen Äußerungen kann es auch hilfreich sein, den Lernenden Zeit zu geben, sich einige Stichpunkte zu notieren und so ihre Äußerung vorzubereiten. Schließlich kann die Verlangsamung der Unterrichtsinteraktion auch dadurch realisiert werden, dass man bei einer Schüleräußerung länger wartet, bevor man sie evaluiert. Mit einer Nachfrage („Kannst du das noch mal ein bisschen genauer erklären?") kann man dem Sprecher etwa zunächst die Möglichkeit geben, sich selbst zu verbessern.
- Gibbons (2002) empfiehlt schließlich, stets auf den Inhalt zu reagieren. Die Lehrkraft sollte sich darauf konzentrieren, was der Schüler zu sagen hat, und nicht nur auf die Antwort warten, die sie gern von ihm hören würde. Dazu passend können sprachliche Mängel in einer Schüleräußerung verbessert werden, indem die Lehrkraft korrekte Inhalte wiederholt und dabei unkommentiert das richtige Sprachverhalten vormacht. So werden Lernende nicht durch explizite Hinweise auf sprachliche Fehler frustriert und erhalten dennoch die Gelegenheit, ihr Sprechen über Mathematik zu verbessern.

Arbeit mit Schreibanlässen: Neben Hinweisen zur mündlichen Unterrichtskommunikation enthält Gibbons' (2002) Fahrplan für einen sprachsensiblen Fachunterricht in der vierten Phase ganz ausdrücklich auch die Integration von Schreibanlässen. Die Arbeit mit ihnen wird häufig zur Förderung der (Fach-)Sprache empfohlen (dazu auch Kuntze und Prediger 2005; Fetzer 2007). Der Prozess der schriftlichen Sprachproduktion ist deutlich verlangsamt im Vergleich zur eher flüchtigen mündlichen Kommunikation. Der Lernende ist vom Handlungsdruck und der Schnelligkeit, die der mündlichen Kommunikation häufig zu eigen sind, entbunden und kann sich ganz auf die Formulierung seiner Äußerung konzentrieren: Welche Wörter, Sätze und Textbausteine brauche ich, um z. B. die beobachtete Konstanz der Summe präzise und verständlich beschreiben zu können? Beim Schreiben werden die Gedanken fassbarer als bei rein mündlichen Äußerungen; der Lernende kann sie auf dem Papier „ablegen" und dort buchstäblich betrachten. Sowohl während des Schreibprozesses als auch bei der Betrachtung des fertigen Schreibprodukts ist er frei, fortwährend über die inhaltliche Angemessenheit nachzudenken: Steht dort schon alles Relevante? Zeigt der Text die mathematischen Zusammenhänge auf verständliche Weise? Welche Ergänzungen oder Veränderungen könnten das Produkt weiter verbessern? Wer ist überhaupt der Adressat des Textes, für wen also soll der Text verständlich sein? Die Produktion schriftlicher Äußerungen ist gewöhnlich mit dem Anspruch verbunden, dass der Text später allein, also ohne Rückfragen an dessen Autor oder dessen Autorin, verständlich ist. Die schriftliche Erklärung, warum die Summe in einem gegebenen Entdeckerpäckchen konstant ist, soll beispielsweise für die Lehrkraft oder einen gedachten „allgemeinen" Adressaten verständlich sein, ohne dass sie/er Rückfragen an

6.3 Einen sprachsensiblen Mathematikunterricht umsetzen

das Kind stellen muss. Aus diesem Grund wird bei der schriftlichen Fixierung mathematischer Überlegungen eine exaktere Darstellung notwendig (Pimm 1987, S. 115).

Neben der Verlangsamung der Sprachproduktion ist ein weiterer Vorteil der Arbeit mit Schreibanlässen, dass die Schreibprodukte nachfolgend im Lernprozess genutzt werden können. Dieser Vorteil ist zudem unabhängig von der Art der Darstellung. Man kann hier an alltagssprachliche oder fachsprachliche Texte denken, aber auch an grafische oder symbolische Darstellungen. Beispiele wären, dass die Lernenden selbst Aufgaben mit und ohne lebensweltlichen Bezug erfinden, die dann von Mitschülern bearbeitet werden. Die Lernenden können eine Gleichung mit Worten beschreiben und später anhand fremder Beschreibungen ermitteln, um welche Gleichung es sich handeln muss. Die Lernenden können aber auch die Bearbeitung von Forscheraufträgen schriftlich dokumentieren, zu der sie dann von ihren Mitschülern oder im Klassengespräch ein Feedback bekommen. Ferner gibt es kreative Formen des Schreibens, die produktiv in den Mathematikunterricht eingebunden werden können (Fetzer 2016, S. 29 ff.). Die Lernenden könnten beispielsweise ein mathematisches Elfchen, ein kleines Gedicht aus elf Wörtern, verfassen, etwa zu Thema Zehner, rechter Winkel oder Grenzwert (Fetzer 2016, S. 29 ff.). Beim Free Writing schließlich geht es darum, zu einem vorgegebenen Thema ohne Unterbrechung zu schreiben (Fetzer 2007; Burton 1985). Fällt einem vorübergehend nichts ein, schreibt man ein ums andere Mal das Thema auf. Fetzer (2016, S. 31) betont, dass ein solches Schreiben vielen Kindern ermöglicht, sich nach einer gewissen Zeit tatsächlich „frei zu schreiben" und die Auseinandersetzung mit dem mathematischen Gegenstand zu beginnen.

Eine solche Arbeit mit Schreibprodukten kann dadurch bereichert werden, dass man eine häufig formulierte Empfehlung aus der Mathematikdidaktik aufgreift und die Aneignung fachlicher Konzepte dadurch unterstützt, dass man die Lernenden zu einer Vernetzung von Darstellungen und zu einem Wechsel zwischen ihnen auffordert (Duval 2002; Laakmann 2013): eine Handlung beschreiben, unterschiedliche Gleichungen zu einem Diagramm finden, eine bildliche Darstellung zu einem Term entwickeln, eine Rechenaufgabe in eine Handlung umsetzen, unterschiedliche Darstellungen vergleichen und sortieren etc. In ihren Förderansätzen nutzt Wessel (2015, S. 122 ff.) u. a. Darstellungsvernetzung als Designprinzip. Hierbei untersucht sie nicht nur den Wechsel zwischen verschiedenen (mathematischen) Darstellungen, sondern insbesondere auch den zwischen verschiedenen sprachlichen Darstellungen (s. Abb. 6.2).

Das Aufgreifen sprachlicher Ressourcen und der Wechsel zwischen diesen lassen sich u. a. mittels des Begriffs „subjektiver Erfahrungsbereich" von Bauersfeld (1983) erklären, womit ausgedrückt werden kann, dass sich (mathematisches) Wissen kontextbezogen entwickelt (s. Kap. 4). Entsprechend solcher Erkenntnisse fokussieren einige Ansätze weniger auf den steten Wechsel zwischen verschiedenen Sprachebenen, sondern eher auf das Aufgreifen und das gezielte Weiterentwickeln sprachlicher Ressourcen, welche einen Teil des Kontextes fachlicher Inhalte ausmachen (u. a. Gallin und Ruf 1990).

Eine typische Methode zur Sammlung, Veröffentlichung und Einübung von Redemitteln ist die Arbeit mit „Wortspeichern" (Verboom 2012; Witzmann 2009). Hierbei werden isolierte Wörter und/oder Wortgruppen als Hilfen gesammelt bzw. ergänzt. Dieses Vor-

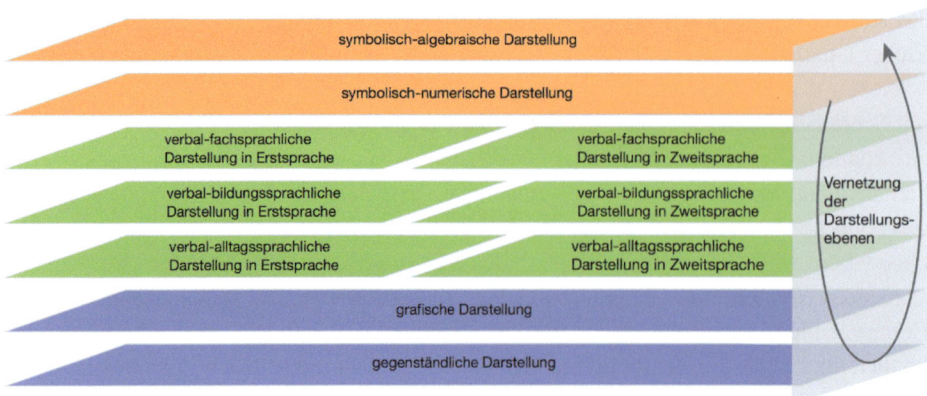

Abb. 6.2 Fach- und sprachintegriertes Modell der Darstellungsebenen. (Prediger und Wessel 2011, S. 167)

gehen kann sowohl auf Wort- und Symbolebene als auch auf logisch-struktureller Ebene erfolgen. Auf der Wortebene können beispielsweise Präpositionen und auseinandergezogene Verbformen aufgenommen werden, wie in dem folgenden Beispiel zur Geometrie: „die Strecke … von … bis …"; „der rechte Winkel …"; „… liegt parallel zu einer Geraden …"; „… steht senkrecht auf …"; „skizzieren; skizziere ein Dreieck"; „einzeichnen; zeichne den rechten Winkel ein"; „trage den Abstand … ab" (Meyer und Prediger 2012, S. 7). Auf der mathematisch-strukturellen Ebene können vorgegebene oder zu erarbeitende Redemittel die Beschreibung von Strukturen der jeweiligen Tätigkeit enthalten. Die folgenden Beispiele können als Elemente zur Förderung für das Begründen gegeben werden: „Wenn …, dann …"; „Das gilt, weil …"; „Entsprechend muss … folgen"; „Die Behauptung folgt aus …"; „Hierzu habe ich die Regel/das Gesetz … angewendet" (Meyer und Prediger 2012, S. 8).

Die Kontextbezogenheit von Wissen und somit auch die (Fach-)Sprache bei Lernenden mit Migrationshintergrund werden innerhalb der deutschsprachigen Mathematikdidaktik von Krägeloh und Meyer (2012) sowie von Meyer und Prediger (2012) aufgegriffen (s. Kap. 4). Dort werden verschiedene Methoden zur Sprachproduktion und Sprachrezeption in der Erstsprache dahin gehend untersucht, ob und wie sie sich für die Entwicklung mathematischer Begriffe eignen. Die Ergebnisse der Studien zeigen, dass sich positive Effekte vor allem bei der Sprachproduktion ergeben. Insbesondere eine fachlich produktive Sprachrezeption in der Erstsprache gelang den Lernenden in den Studien jedoch kaum. Da die untersuchten Lernenden zumeist in der zweiten oder dritten Generation in Deutschland leben, mag dies aufgrund der vornehmlich deutschsprachigen Sozialisation im Mathematikunterricht und/oder fachsprachlicher Defizite der Lernenden in der Erstsprache nicht unbedingt verwunderlich erscheinen. Wie es sich bei einem längerfristigen Einsatz erstsprachlicher Sprachrezeption verhalten würde, ist jedoch noch unklar.

6.3 Einen sprachsensiblen Mathematikunterricht umsetzen

Die in Tab. 6.1 präsentierten Methoden verstehen sich zumeist als eine Kombination mündlicher und schriftlicher Bestandteile. Lernende werden dabei mit Hilfsmitteln, die sich auch als Verbalisierungshilfen verstehen lassen, in vorrangig schriftlicher Form konfrontiert oder diese werden von ihnen selbst hergestellt und ggf. von der Lehrkraft erweitert. Sprachsensibler Mathematikunterricht bedarf jedoch nicht nur umfassender Werkzeuge, sondern beginnt bereits bei dem bewussten Einsatz der Sprache der Lehrperson. Dieses kann beispielsweise in Form eines verbalen Mikro-Scaffolding („Dazu sagt man in der Mathematik ...") erfolgen. Vor allem bei der rein verbalen Kommunikation ist eine Gefahr zu bedenken: Wenn die Lernenden lediglich zusammen mit der Lehrkraft Interaktionsmuster (wie sie beispielsweise von Voigt (1984) bei der Rekonstruktion realen

Tab. 6.1 Sammlung von Methoden zur Realisierung sprachsensiblen Mathematikunterrichts. (aus: Meyer und Prediger 2012, S. 7; dazu auch Leisen 2010, C 8 f.)

Methoden für eine Förderung durch reichhaltige Kommunikationssituationen	
Ich-Du-Wir	Dreiphasige Annäherung an ein Thema mit größer werdender Gruppe zum Austausch divergierender Ideen bzw. Lösungswege
Strategiekonferenzen	Gegenseitiges Erläutern und Beraten von Ideen bzw. Lösungswegen nach individuellen Arbeitsphasen
Kugellager	Variantenreiche Methode zum Referieren und Zuhören; die Lernenden setzen sich in zwei Kreisen gegenüber, Partnerwechsel erfolgen durch Rotation der Kreise
Kartenabfrage	Brainstormingverfahren mit anschließender Strukturierung und Diskussion der Ideen und/oder Fragen
Methoden für fokussierte Förderung auf Wort- und Satzebene	
Wortliste/-speicher	Liste wichtiger Wörter und Fachbegriffe
Wortfeld	Sammlung von ungeordnet vorgegebenen Fachbegriffen und Satzbruchstücken (z. B. auf einem Lernplakat)
Satzgeländer	Gerüst aus vorgegebenen Wörtern oder Satzmustern (z. B. in Sprechblasen)
Lückentext/-bild	Vorgegebener Text mit sprach- und mathematikdidaktisch sinnvoll eingebauten Lücken
Fragemuster	Sammlung standardisierter Fachfragen unterschiedlichen Schwierigkeitsgrades
Partnerkärtchen	Sammlung von Kartensätzen mit paarweise angeordneten Fragen und Antworten zu einem bestimmten Fachthema
Mindmap	Von einem zentralen Begriff ausgehende hierarchische Aststruktur mit Begriffen, Stichworten und Bildern zu einem Thema
Fehlersuche	In Bildern oder Texten bewusst Fehler einbauen bzw. eingebaute Fehler finden lassen
Methoden für fokussierte Förderung auf Text- und Diskursebene	
Textpuzzle	Ungeordnet vorgegebene Sätze, Satzteile oder Einzelwörter zum Zusammensetzen in angemessenen Reihenfolgen
Thesentopf	Sammlung von Pro-Kontra-Thesen als wiederaufgreifbare Stütze bei der Führung eines Diskurses

Mathematikunterrichts herausgestellt wurden) realisieren, können sie zwar erfolgreich am Unterricht partizipieren, müssen jedoch nicht notwendig inhaltliches Verständnis aufbauen. So mag sich beispielsweise das von der Lehrkraft intendierte Fachwort als Folge des Interaktionsmusters ergeben, ohne dass die Beziehungen des Wortes zum aktuellen Lehrinhalt bzw. die dazugehörigen Bedeutungen verstanden worden sind.

Literatur

Bauersfeld, H.: Subjektive Erfahrungsbereiche als Grundlage einer Interaktionstheorie des Mathematiklernens und -lehrens. In: Bauersfeld, H. (Hrsg.) Analysen zum Unterrichtshandeln, S. 1–56. Aulis, Köln (1983)

Burton, G.M.: Writing as a way of knowing in a mathematics education class. Arithmetic Teacher **33**(4), 40–45 (1985)

Drueke-Noe, Ch.: Leseverstehen. Mit Sprache muss man rechnen. Prax Math **54**(46), 2–11 (2012)

Duval, R.: Representation, vision and visualization: Cognitive functions in mathematical thinking. In: Hitt, F. (Hrsg.) Representations and mathematics visualization, S. 311–336. IPN, Cinevestav (2002)

Fetzer, M.: Interaktion am Werk. Eine Interaktionstheorie fachlichen Lernens, entwickelt am Beispiel von Schreibanlässen im Mathematikunterricht der Grundschule. Klinkhardt, Bad Heilbrunn (2007)

Fetzer, M.: Inklusiver Mathematikunterricht. Ideen für die Grundschule. Baltmannsweiler, Schneider Verlag Hohengehren (2016)

Gallin, P., Ruf, U.: Sprache und Mathematik in der Schule. Auf eigenen Wegen zur Fachkompetenz. Kallmeyer, Seelze (1990)

Gibbons, P.: Scaffolding language, scaffolding learning. Teaching second language learners in the mainstream classroom. Heinemann, Portsmouth (2002)

Heymann, H.W.: Allgemeinbildung und Mathematik. Beltz, Weinheim (1996)

Kniffka, G.: Scaffolding. Möglichkeiten, im Fachunterricht sprachliche Kompetenzen zu ermitteln. In: Michalak, M., Küchenreuther, M. (Hrsg.) Grundlagen der Sprachdidaktik Deutsch als Zweitsprache, S. 208–225. Schneider Verlag Hohengehren, Baltmannsweiler (2012)

Krägeloh, N., Meyer, M.: „Erkläre es mal auf Türkisch." Anknüpfen an die Ressource Erstsprache im Mathematikunterricht. Prax Math **54**(45), 24–27 (2012)

Kuntze, S., Prediger, S.: Ich schreibe, also denk' ich. Über Mathematik schreiben. Prax Math Sch **47**(5), 1–6 (2005)

Laakmann, H.: Darstellungen und Darstellungswechsel als Mittel zur Begriffsbildung. Eine Untersuchung in rechnerunterstützten Lernumgebungen. Springer, Berlin (2013)

Leisen, J.: Handbuch Sprachförderung im Fach. Sprachsensibler Fachunterricht in der Praxis. Varus, Bonn (2010)

Meyer, M., Prediger, S.: Sprachenvielfalt im Mathematikunterricht. Herausforderungen, Chancen und Förderansätze. Prax Math **54**(45), 2–9 (2012)

Pimm, D.: Speaking mathematically. Communication in mathematics classroom. Routledge, London (1987)

Prediger, S., Wessel, L.: Darstellen – Deuten – Darstellungen vernetzen. Ein fach- und sprachintegrierter Förderansatz für mehrsprachige Lernende im Mathematikunterricht. In: Prediger, S., Özdil, E. (Hrsg.) Mathematiklernen unter Bedingungen der Mehrsprachigkeit. Stand und Perspektiven der Forschung und Entwicklung in Deutschland, S. 163–184. Waxmann, Münster (2011)

Reich, H.H.: Wege zu einem sprachsensiblen Fachunterricht. Deutsch Lernen **14**(2–3), 131–152 (1989)

Rösch, H., Paetsch, J.: Sach- und Textaufgaben im Mathematikunterricht als Herausforderung für mehrsprachige Kinder. In: Prediger, S., Özdil, E. (Hrsg.) Mathematiklernen unter Bedingungen der Mehrsprachigkeit. Stand und Perspektiven der Forschung und Entwicklung in Deutschland, S. 55–76. Waxmann, Münster (2011)

Verboom, L.: „Ich kann das jetzt viel besser bedrücken." Gezielter Aufbau fachbezogener Redemittel. Prax Math **54**(45), 13–17 (2012)

Voigt, J.: Interaktionsmuster und Routinen im Mathematikunterricht: theoretische Grundlagen und mikroethnographische Falluntersuchungen. Beltz, Weinheim (1984)

Wessel, L.: Fach- und sprachintegrierte Förderung durch Darstellungsvernetzung und Scaffolding. Ein Entwicklungsforschungsprojekt zum Anteilbegriff. Springer, Berlin (2015)

Wittmann, E.Ch.: Was ist Mathematik und welche pädagogische Bedeutung hat das wohlverstandene Fach auch für den Mathematikunterricht in der Grundschule? In: Baum, M., Wielpütz, H. (Hrsg.) Mathematik in der Grundschule. Ein Arbeitsbuch, S. 18–46. Kallmeyer, Seelze (2003)

Witzmann, C.: Wortlisten und Lesehilfen. Konzepte und Materialien zur Sprachförderung. Math Lehren **152**, 11–17 (2009)

Wood, D., Bruner, J., Ross, G.: The role of tutoring in problem solving. J Child Psychol Child Psychiatry **17**, 89–100 (1976)

Fazit und Ausblick 7

Zusammenfassung

In diesem abschließenden Kapitel werden die zentralen Einsichten und Ansätze, die im Verlauf des Buches präsentiert wurden, noch einmal gebündelt und als Grundlage für weiterführender Fragen genutzt. Wenn es um „Sprache" im Mathematikunterricht geht, dann ist es erstens zentral, um ihre enorme Bedeutung für fachliche Lernprozesse zu wissen. Es ist zweitens aber mindestens genauso wichtig, präzise zu klären, was mit „Sprache" überhaupt gemeint ist. Dieses Kapitel bietet dazu ein theoretisches „Konzentrat", das Orientierung für Schulalltag und wissenschaftliche Forschung bietet. Vor diesem Hintergrund werden schließlich weiterführende Fragen skizziert – für die mathematikdidaktische Diskussion zur Entwicklung fachbezogener Sprache sowie zur Inhaltsspezifität des Sprachgebrauchs, aber auch für eine notwendige fächerübergreifende Diskussion.

Das Ziel dieses Buches war es, zentrale Aspekte und Phänomene im Kontext der Sprache im Mathematikunterricht darzustellen und theoriegeleitet zu sortieren. Hierbei wurden Bedeutungen und Ausprägungen der verschiedenen Sprachregister thematisiert sowie die Bedeutung und mögliche bzw. notwendige Implikationen verschiedener Phänomene im Kontext des Sprachgebrauches (s. Abb. 7.1).

Die Rede von Sprache im Mathematikunterricht ist mehrdeutig. Es fällt nicht nur schwer, die einzelnen Register in der konkreten Situation voneinander zu trennen, sondern auch einzelne Wörter im Verlauf der Schulzeit den Registern zuzuordnen. Ob beispielsweise das Wort „Plusrechnen" als fachsprachlich einzuschätzen ist, hängt nicht nur von der Entwicklung der Lernenden, sondern auch von der Normierung der Fachsprache im Unterricht, von der Unterrichtsfachsprache, ab. So mag man in der Grundschule beispielsweise noch gewillt sein, solche Wörter bzw. Worte der Fachsprache zuzuordnen, während eine solche Bezeichnung der Addition in der Hochschule kaum Akzeptanz finden wird.

Abb. 7.1 Sprache und mögliche Erscheinungsformen

Hinsichtlich der sich im Laufe der Schulzeit entwickelnden Unterrichtsfachsprache konnten einige Besonderheiten festgestellt werden, die Analoga zur Fachsprache Mathematik aufweisen. Dies betrifft insbesondere den Gebrauch spezifischer grammatischer Normen. Der Unterschied zwischen beiden Realisierungen besteht wesentlich darin, dass sich die Unterrichtsfachsprache einer spezifischen Klasse an den Vorgaben der eigentlichen Fachsprache orientiert (insbesondere hinsichtlich des Vokabulars) und somit kein eigenes Register sein kann.

Die Unterrichtsfachsprache zeichnet sich jedoch nicht nur durch bestimmte Normen und Wörter aus, sondern auch durch pädagogische Zielsetzungen: Will man Lernende an der Front ihres Wissens soeben entdeckte Zusammenhänge und/oder Begründungsansätze explizieren lassen, so kann man keinen eloquenten Sprachgebrauch erwarten. Vielmehr zeichnen sich die sprachlichen Präsentationen dann häufig dadurch aus, dass sie „dreckig" sind – von Pausen, Dehnungen und Stocken durchzogen, nach Bestätigung suchend usf. Kurzum: Sprache benötigt kognitive Ressourcen, die im Zuge von Entdeckungs- und Begründungsprozessen nur dann zur Verfügung stehen, wenn das involvierte kognitive System diese Prozesse selbst als eher trivial wahrnimmt.

Sprache kann verschiedene Funktionen (kognitive und kommunikative) und Rollen (Lernziel, Lerngegenstand und Lernhindernis) einnehmen. Ebenso wie die verschiedenen Register sich nur selten eindeutig zuordnen lassen, sind die Funktionen und Rollen der Sprache kaum eindeutig voneinander trennbar. Wenn beispielsweise ein neuer Begriff in ein bestehendes Netz von Begriffen eingeführt und somit auch ein neues Wort mit anderen Wörtern verbunden wird, ist dieses Wort ein Lernziel und kann zugleich ein Lernhindernis sein. Letzteres ist insbesondere dann möglich, wenn die Sprache, in der die einzelnen Wörter zu erlernen sind, nicht der Erstsprache der Lernenden entspricht.

7 Fazit und Ausblick

Wichtig ist in der Zusammenschau vor allem, dass die dargestellten theoretischen Differenzierungen zwar nur selten ein eindeutiges Einsortieren in gedankliche Schubladen erlauben, wohl aber kontinuierlich Orientierung für die eigene Gestaltung und Planung von Mathematikunterricht bieten: Welche sprachlichen Lehrziele sind mit meinen fachlichen Lehrzielen verbunden? Worum geht es mir im Unterricht gerade primär: Sollen die Lernenden Neues entdecken und sich dabei einer beliebigen Sprache bedienen oder sind wir bereits einen Schritt weiter und es geht zunehmend darum, das bereits Verstandene mit klaren und fachsprachlich konventionalisierten sprachlichen Mitteln auszudrücken? Bei einem solchen sprachsensiblen Blick auf Mathematikunterricht ist es u. E. zentral, die eigenen Wertkriterien für den Gebrauch fachbezogener Sprache gut zu reflektieren: Welchen Sprachgebrauch halte ich in welcher Lerngruppe und in welchem Inhaltsbereich für angemessen? Was ist für mich eine „gute" Beschreibung, Erklärung oder Begründung und an welchen sprachlichen Oberflächenmerkmalen mache ich das fest? Welche sprachbezogenen Kriterien lege ich für welche Lernenden an? Gelingt es mir, im alltäglichen Unterricht die sprachlichen Äußerungen von unterschiedlichen Lernenden individualisiert zu deuten und einzuschätzen?

Offene Fragen
Obgleich die immense Bedeutung der Sprache für das Fach Mathematik und damit für das Mathematiklernen von Kindern und Jugendlichen inzwischen als allgemein akzeptiert gelten kann, gibt es aktuell noch einige Forschungslücken, auf die abschließend zumindest skizzenhaft verwiesen werden soll.

Entwicklung fachbezogener Sprache: Die Einsicht, dass die Sprache im Mathematikunterricht Lerngegenstand, Lernmedium und Lernvoraussetzung ist (s. Abschn. 3.2), legt das didaktische Anliegen nahe, die Sprache zu fördern, um mathematische Lernprozesse zu ermöglichen, zu erleichtern oder zu vertiefen. Doch die Entwicklung von Förderangeboten einer mathematikbezogenen Sprache setzt fundierte Kenntnisse über deren Entwicklung voraus: Welche fachsprachlichen Fähigkeiten hat das Kind bereits entwickelt, welche „Meilensteine" hat es schon erreicht und welche Schritte können sinnvoll als nächste gegangen werden? Anders formuliert: Eine sinnvolle Förderung kann nur aus einer genauen Diagnose abgeleitet werden; die ist aber wiederum nur möglich, wenn wir etwas über zugehörige Entwicklungsprozesse wissen. Und genau dieses Wissen fehlt in der Mathematikdidaktik bisher weitgehend. Es darf also als ein wichtiges Anliegen für zukünftige Forschungsarbeiten zur Sprache im Fach Mathematik gelten, zu untersuchen, wie die für die Mathematik besonders relevanten sprachlichen Mittel (s. Abschn. 2.2 und 2.5) erworben werden. Hierbei wäre ein Vergleich zwischen den Erwerbsprozessen zur Fachsprache und denjenigen der allgemeinen Sprachentwicklung von Kindern interessant, insofern letztere Anhaltspunkte für weiteren Forschungsbedarf hinsichtlich der Entwicklung von Fachsprache zu zeigen vermögen könnten.

Inhaltsspezifität des Sprachgebrauchs: Für die Entwicklung, aber auch ganz allgemein für den Gebrauch fachbezogener Sprache scheint es angemessen, zumindest zu prüfen, ob es nicht zutreffend ist, dass die mathematischen Inhaltsbereiche sich hinsichtlich ihres typischen Sprachgebrauchs unterscheiden und somit auch unterschiedliche Entwicklungsprozesse fachbezogener Sprache erfordern. Ein solches Anliegen ist plausibel, wenn man beispielsweise überlegt, dass ein Grundschüler, der Beziehungen im Raum beschreibt (inhaltsbezogene Kompetenz: Raum und Form bzw. Geometrie), sicher andere sprachliche Mittel benötigt als einer, der ein Rechengesetz erklärt (inhaltsbezogene Kompetenz: Zahlen und Operationen bzw. Arithmetik und Algebra). Mathematische Inhaltsbereiche lassen Gemeinsamkeiten erkennen und können, wie z. B. von Wittmann (2003) vorgeschlagen, allesamt in einer „Wissenschaft von den Mustern" (Wittmann 2003, S. 10) verortet werden. Da jedoch die Inhalte der verschiedenen Bereiche auch unterschiedlich sind, ist aus rein sprachlicher Perspektive ein qualitativer Unterschied dahin gehend zu erwarten, ob über Formenmuster, Zahlenmuster, kombinatorische oder logische Muster gesprochen und geschrieben wird. Solche möglichen Unterschiede im Sprachgebrauch zu untersuchen, sollte eine wichtige Aufgabe zukünftiger mathematikdidaktischer Forschung sein und keinesfalls den ausschließlich sprachdidaktischen Betrachtungen überlassen werden. Denn die Berücksichtigung fachlicher Differenzierungen in der Erforschung von Sprache scheint unentbehrlich, wenn man der Annahme folgt, dass der Sprachgebrauch sich im Laufe einer typischen Schullaufbahn zunehmend fachspezifisch ausdifferenziert und eben nicht mit allgemeinen sprachlichen Fähigkeiten, die nur in unterschiedlichen fachlichen Kontexten zur Anwendung kommen, erklärt werden kann (Riebling 2013, S. 38).

Fächerübergreifende Diskussion und Forschung: Versetzt man sich in Lernende, deren Schultag gewöhnlich durch die Abfolge unterschiedlicher Unterrichtsfächer strukturiert wird, oder in Lehrkräfte, die in aller Regel mehrere Fächer unterrichten, so liegt es nahe, fachspezifischer Betrachtung von Sprache eine fächerübergreifende Betrachtung zur Seite zu stellen (etwa Vollmer und Thürmann 2010): In welchen sprachlichen Anforderungen gleichen sich die Unterrichtsfächer, in welchen unterscheiden sie sich? Wird eine Beschreibung im Chemieunterricht anhand derselben Gütekriterien gemessen wie im Mathematik- oder Deutschunterricht? Wie kann eine fächerübergreifende Sprachbildung konzeptioniert und gestaltet werden? Wer Lernen als einen ganzheitlichen Prozess versteht, der sollte gerade solchen fächerübergreifenden Diskussionen und Forschungsarbeiten große Bedeutung beimessen. Denn in der Wissenskonstruktion der Lernenden kann es durchaus produktiv sein, sich zu überlegen, mit welchen sprachlichen Mitteln welches Fach über seine zentralen Gegenstände spricht und schreibt. Denn der fachspezifische Sprachgebrauch sagt schließlich Wesentliches über das Fach selbst aus: Worum geht es in Deutsch, in Mathematik, in Chemie etc.? Welche Gegenstände werden betrachtet, welche Methoden genutzt, welche Einsichten gewonnen? Dass die Lernenden die verschiedenen Fächer sprachlich unterschiedlich realisieren, zeigen erste vergleichende Untersuchungen zum Argumentieren in den Fächern Biologie, Geografie und Mathematik (Budke et al. 2015). Ein weiter gehender fächerübergreifender Vergleich kann helfen,

Ordnung im Lernprozess zu schaffen, Orientierung zu bieten und Verbindungen, aber auch Abgrenzungen begründet zu konstruieren.

Literatur

Budke, A., Creyaufmüller, A., Kuckuck, M., Meyer, M., Schäbitz, F., Schlüter, K., Weiss, G.: Argumentationsrezeptionskompetenzen im Vergleich der Fächer Geographie, Biologie und Mathematik. In: Budke, A., Kuckuck, M., Meyer, M., Schäbitz, F., Schlüter, K., Weiss, G. (Hrsg.) Fachlich argumentieren lernen. Didaktische Forschungen zur Argumentation in den Unterrichtsfächern, S. 273–297. Waxmann, Münster (2015)

Riebling, L.: Sprachbildung im naturwissenschaftlichen Unterricht. Eine Studie im Kontext migrationsbedingter sprachlicher Heterogenität. Waxmann, Münster (2013)

Vollmer, H.J., Thürmann, E.: Zur Sprachlichkeit des Fachlernens. Modellierung eines Referenzrahmens für Deutsch als Zweitsprache. In: Ahrenholz, B. (Hrsg.) Fachunterricht und Deutsch als Zweitsprache, S. 107–132. Narr, Tübingen (2010)

Wittmann, E.Ch.: Was ist Mathematik und welche pädagogische Bedeutung hat das wohlverstandene Fach auch für den Mathematikunterricht in der Grundschule? In: Baum, M., Wielpütz, H. (Hrsg.) Mathematik in der Grundschule. Ein Arbeitsbuch, S. 18–46. Kallmeyer, Seelze (2003)

Transkriptionsregeln

1 Linguistische Zeichen

1.1 Identifizierung des Sprechers:

L   Lehrkraft

S   nichtidentifizierter Schüler

S1, S2   Kennzeichnung der Schüler durch Zahlenindex, um verschiedene nichtidentifizierte Schüler in einer Äußerungsfolge unterscheiden zu können

Ss   mehrere Schüler zugleich

1.2 Charakterisierung der Äußerungsfolge:

a) ein Strich vor mehreren Äußerungen:

untereinander Geschriebenes wurde jeweils gleichzeitig gesagt, z. B.

M   aber dann

F   wieso denn

b) eine Zeile beginnt genau nach dem letzten Wort aus der vorigen Äußerung:

auffällig schneller Anschluss, z. B.

M   aber dann

F   wieso denn

2 Paralinguistische Zeichen

,	kurzes Absetzen innerhalb einer Äußerung, max. eine Sekunde
..	kurze Pause, max. zwei Sekunden
...	mittlere Pause, max. drei Sekunden
(4 sec)	Sprechpause, Länge in Sekunden
genau.	Senken der Stimme am Ende eines Wortes oder einer Äußerung
und du–	Stimme in der Schwebe am Ende eines Wortes oder einer Äußerung
was'	Heben der Stimme, Angabe am Ende des entsprechenden Wortes
sicher	auffällige Betonung
dreißig	gedehnte Aussprache

3 Weitere Charakterisierungen

(lauter) u. Ä.	Charakterisierung von Tonfall und Sprechweise
(zeigen) u. Ä.	Charakterisierung von Mimik und Gestik
(Ruhe) u. Ä.	Charakterisierung von atmosphärischen Anteilen

Die Charakterisierung steht vor der entsprechenden Stelle und gilt bis zum Äußerungsende, zu einer neuen Charakterisierung oder bis zu einem „+"

(..), (...), (? 4 sec)	undeutliche Äußerung von 2, 3 oder mehr Sekunden
(mal?)	undeutliche, aber vermutete Äußerung

Sachverzeichnis

A
Alltagssprache, 12, 14, 19, 22, 27, 55

B
Bedarfsanalyse, 82, 84
Begründen, 18, 33, 90
Beschreiben, 33
Beweis, 4, 25, 26
BICS, 19, 21
Bildungssprache, 15, 18, 20, 27, 50, 65

C
CALP, 19, 21
Code-Switching, 63, 68

D
Darstellung
    Darstellungsebene, 61
    Darstellungsvernetzung, 69
Darstellungsebene, 90
Darstellungsvernetzung, 89
Definition, 3, 14, 22, 24, 25, 60

E
Erklären, 33
Erklären/Explikation, 60
Erstsprache
    als interaktive Ressource, 63
    als kulturelle Ressource, 64, 65
    als normative Ressource, 61, 63
    als produktive Ressource, 61
Ethnomethodologie, 3
Explikation, 12

F
Fachsprache, 13–15, 20, 22, 23, 25–27, 43, 44, 95
Fehlersuche, 91
Förderansatz
    defensiver, 81
    offensiver, 81
Fragemuster, 91
Funktion der Sprache
    kognitive, 42, 43
    kommunikative, 42, 43
Funktionen von Sprache, 42, 96

G
Grammatik, 25, 27, 32

H
Heteroglossia, 53, 65

I
Ich-Du-Wir, 91
Implikation, 25
Indexikalität, 3
Interjektion, 6

K
Kartenabfrage, 91
Komposita, 63
Konklusion, 24
Konzeption einer sprachlichen Äußerung, 12, 13
    konzeptionell mündlich, 15
    konzeptionell schriftlich, 15
Kugellager, 91

L
Lernstandsanalyse, 82, 84
Lückentext/-bild, 91

M
Medium einer sprachlichen Äußerung, 12–14

medial mündlich, 12
medial schriftlich, 12
Mindmap, 91
Modalterm, 7
Muttersprache, 54, 55

N
Normen
　grammatische Norm, 31
　pragmatische Norm, 33, 35
　soziale Norm, 30
　soziomathematische Norm, 30
　unterrichtsfachsprachliche Norm, 30

O
operatives Prinzip, 24

P
Partnerkärtchen, 91
Polysemie, 14, 22
Pragmatik, 35
Prämisse, 24

R
Regel, 28–30
　Höflichkeitsregel, 28
　inhaltsorientierte Regel, 29
　metadiskursive Regel, 29
Register von Sprache/für sprachliche Darstellung, 11
Rekontextualisierung, 20, 21
Repräsentationssysteme, 39
　enaktives Repräsentationssystem, 39, 40
　ikonisches Repräsentationssystem, 39, 40
　symbolisches Repräsentationssystem, 39, 40

S
Satzebene, 24
Satzgeländer, 91
Scaffolding, 83
　Makro-Scaffolding, 84
　Mikro-Scaffolding, 84
Schulsprache, 17, 18

Sozialisationstheorie, 4
Sprache
　akademischer Sprachgebrauch, 19
　als Lerngegenstand, 17, 44
　als Lernhindernis oder -herausforderung, 8, 45
　als Lernmedium, 44
　als Lernvoraussetzung, 45
　Inhaltsspezifität des Sprachgebrauchs, 98
　kontextgebundener Sprachgebrauch, 19
　kontextreduzierter/dekontextualisierter Sprachgebrauch, 19
　konversationeller Sprachgebrauch, 19
Sprachbad, 82
Sprachebene, 2, 89
Sprachgebrauch/-nutzung, 5, 7
Sprachhandlung, 33
sprachliches Inventar, 13
Sprachproduktion, 19–21, 66, 88–90
Sprachregister, 11, 12
Sprachrezeption, 66, 75, 90
sprachsensibler Mathematikunterricht, 81, 82, 84
unter kognitiver Belastung, 7, 27, 55, 76
Strategiekonferenz, 91
subjektive Erfahrungsbereiche, 89
Super-Diversity, 64
Symbol, 40, 41
systemlinguistisches Inventarmodell, 13

T
Textebene, 25
Textpuzzle, 91
Thesentopf, 91

U
Umgangssprache, 12
Unterrichtsfachsprache, 28, 29, 31, 35, 95, 96
Unterrichtssprache, 47

W
Wortebene, 23
Wortfeld, 91
Wortliste/-speicher, 91

If you have any concerns about our products,
you can contact us on
ProductSafety@springernature.com

In case Publisher is established outside the EU,
the EU authorized representative is:
**Springer Nature Customer Service Center GmbH
Europaplatz 3, 69115 Heidelberg, Germany**

Printed by Libri Plureos GmbH
in Hamburg, Germany